AF395869

L'INDIVIDUALISME

PARIS. — IMPRIMERIE VALLÉE, 16, RUE DU CROISSANT.

CHARLES FITZ-GÉRALD

L'INDIVIDUALISME

DROIT INDIVIDUEL

ET

DROIT AUTORITAIRE

PARIS

EN VENTE CHEZ L'AUTEUR

RUE LAROCHEFOUCAULD, 50

ET CHEZ TOUS LES LIBRAIRES

—

1870

L'INDIVIDUALISME

INTRODUCTION

Nous usons du droit qu'a tout citoyen d'exposer ses convictions. Nous n'avons d'autre prétention que celle d'écrire avec une entière bonne foi, et sans préoccupation aucune des dogmes et des convenances d'un parti politique ou économique quelconque.

Nous avons voulu énoncer, sous forme concise, des vérités qui ont déjà été dites, sous toutes les formes, mieux que nous ne saurions le faire, mais qui ne peuvent être trop répétées.

Nous ne prétendons nullement à l'infaillibilité et nous aurons nécessairement commis des erreurs involontaires, mais nous avons cherché à écarter, autant que possible, l'influence des préjugés reçus et nous avons toujours exprimé notre pensée sincère.

Nous n'avons aucunement l'intention de prêcher une application immédiate et radicale de nos théories. Fût-ce possible, sans une révolution violente, toujours funeste, que cela ne serait pas à désirer, même en supposant toutes nos vues justes. Toute transformation, si rationnelle qu'elle puisse être, doit tenir compte de l'ignorance des masses et des préjugés existants, avoir, sous peine d'entraîner des troubles profonds dans l'organisation sociale, l'assentiment public, et être amenée progressivement de manière à ne pas léser les droits acquis.

Tout se résume pour nous en deux principes qui s'excluent mutuellement, le droit individuel d'une part et le droit autoritaire de l'autre.

Nous sommes partisan du droit individuel dans l'ordre politique, social et économique, sans autre limite que celle qu'impose son exercice commun.

Nous sommes adversaire du droit autoritaire en toutes matières, qu'il s'agisse de politique ou d'économie, de religion ou de famille.

CHAPITRE PREMIER

DROIT INDIVIDUEL ET DROIT AUTORITAIRE

Le droit individuel est absolu et primordial. Il est supérieur à toute loi humaine ou prétendue divine. Une collectivité quelconque n'est qu'un être de convention et n'a qu'un droit de convention. Tous les abus, toutes les misères découlent du sacrifice du droit réel de l'individu au droit conventionnel de la collectivité.

Le droit individuel est le droit absolu. Tout gouvernement, toute loi, toute réglementation, viole en principe ce droit et n'est qu'un mal plus ou moins nécessaire, justifié, dans une certaine mesure, par l'obligation d'assurer l'exercice commun du droit contre les effets de la perversion morale qu'engendre la pratique du principe autoritaire produisant nécessairement l'asservissement, l'ignorance et la misère.

La violation du droit ne peut jamais être qu'un expédient, et les conséquences fatales qui en découlent ne puisent une certaine justification que dans la nécessité d'empêcher des violations plus funestes encore.

L'individu est tout. La collectivité, quelle qu'elle soit, n'est qu'une agrégation d'individus et n'a d'autre droit que celui qui émane du droit individuel. Son unique but légitime est d'assurer à chaque individu la pleine jouissance de son droit limité seulement par celui égal des autres. Toute réglementation dépassant ce but viole le droit.

Le jour où l'individu aurait son sens moral et son intelligence suffisamment développés par une instruction rationnelle pour lui donner le plein sentiment de sa responsabilité individuelle, et pour lui faire comprendre que l'exercice plein de son droit découle du respect du droit semblable des autres, la nécessité de tous expédients disparaîtrait. Ce serait le règne du droit absolu. Nous n'en sommes pas encore là, mais c'est le but dont on doit chercher à aller se rapprochant sans cesse par la diffusion croissante de l'instruction, et par la suppression progressive de toutes les entraves au droit.

L'individu est instinctivement bon. Il a en lui une certaine conscience naturelle du bien et du mal que l'éducation, basée sur la morale pure et tendant à donner tout son développement à ses facultés intellectuelles, doit fortifier de plus en plus. Il acquiert ainsi peu à peu la conception d'un idéal dont il cherche à se rapprocher et qui va toujours s'élevant à mesure que vont grandissant ses pouvoirs intellectuels. Cet idéal, émanant de son libre arbitre et de sa libre conscience, l'astreint de plus en plus à la pratique du bien et lui inspire la répulsion raisonnée pour le mal.

Le principe autoritaire appliqué actuellement à l'éducation part au contraire de la supposition que l'homme naît mauvais. Au lieu de chercher à développper sa conscience naturelle et son pouvoir de raisonnement, on lui impose une conscience et des convictions factices. On tue en lui l'initiative et l'essor de la pensée, et la morale qui lui est enseignée n'est plus qu'affaire de convention variant suivant les temps et les milieux. Elle ne trouve chez l'individu aucune conviction raisonnée où s'appuyer, et ne peut prendre sur lui qu'un empire incomplet.

Pour que l'exercice du droit individuel puisse être une vérité, il faut que l'individu apprenne à penser par lui-même. Faute de cette faculté, il ne peut prononcer en connaissance de cause, et se voit forcé d'obéir, en toutes matières, à un mot d'ordre qu'il reçoit de l'un ou de l'autre, et qu'il doit accepter aveuglément et sans examen. Son ignorance le met à la merci de toutes les erreurs et lui fait commettre toutes les fautes.

Les manifestations naturelles du droit individuel, telles que la liberté, l'égalité, la famille, le travail de tous genres et son produit la propriété, doivent être libres de toutes entraves.

Le fonctionnarisme de toutes classes, politique, administratif, judiciaire, religieux, militaire, etc.; les réglementations sur la famille, le travail, la propriété de toute espèce, l'industrie, le commerce, etc.; les douanes, les octrois, les monopoles et les priviléges de toute sorte, les impôts sous leur forme actuelle, violent le droit individuel.

Toutes les manifestations du droit individuel sont solidaires les unes des autres. La vraie liberté ne peut coexister avec la misère pas plus que le bien-être avec l'asservissement. Toute séparation des libertés politiques et économiques est arbitraire. L'ignorance engendre aussi sûrement l'asservissement et la misère que l'instruction, la liberté et le bien-être.

La solidarité est universelle. Le droit est le même

pour l'homme, la femme et l'enfant ; pour le Français et pour l'humanité tout entière. Les divisions par nationalités sont arbitraires et émanent de l'application du principe autoritaire qui en tire son prétexte d'être. L'humanité est une et les conséquences de ses actes se font sentir universellement. Tout ce que gagne une individualité quelconque est un gain pour l'humanité, et tout ce que perd un individu est une perte pour tous.

Le principe d'autorité est fondé sur la force et s'appuie sur la crainte, sentiment qui dégrade l'individu, engendre la haine, l'hypocrisie et la cruauté, et produit l'antagonisme, la guerre civile et étrangère, et la misère.

Le droit individuel est fondé sur la justice et s'appuie sur la conscience. Sa pratique élève l'individu, engendre la dignité de caractère, l'émulation et la fraternité, et produit la solidarité, la paix et le bien-être.

Le principe autoritaire ne connaît qu'un moyen d'action sur les hommes, la terreur : les coups et les menaces pour l'enfant ; la prison, l'échafaud et les flammes de l'enfer pour l'individu. Le dernier mot de la société fondée sur ce principe, c'est le Dieu-bourreau collaborant avec l'homme-bourreau.

Le droit ne doit connaître que la persuasion. Ses armes sont le raisonnement et la discussion. La vérité s'impose d'elle-même, et la violence ne peut que lui nuire. Elle se répand par l'instruction, qui affranchit l'individu moralement et intellectuellement, en donnant à chacun la faculté d'user de son libre arbitre et en lui inculquant le sentiment raisonné de la responsabilité morale et matérielle de ses actes.

La pratique autoritaire est nuisible à tous et n'of-

fre d'avantages réels à aucun. Plus le despotisme
est absolu et plus le despote est lui-même esclave,
quoique ses chaînes soient dorées. Plus, au contraire, le principe autoritaire s'efface, et plus la
liberté individuelle s'affirme, non-seulement pour la
masse des citoyens, mais encore pour ceux qui sont
à la tête de la collectivité.

Le prêtre et le soldat sont les premières victimes
de l'état d'asservissement moral et matériel dans
lequel on maintient à leur aide l'humanité. La disci-
pline ecclésiastique ou militaire leur impose une
abnégation complète de leur individualité qu'ils doivent mettre aveuglément au service de qui com-
mande. Toute rébellion de leur conscience, de leur
intelligence ou de leur nature contre des prescrip-
tions, si ineptes ou si odieuses qu'elles puissent être,
est un crime irrémissible, et le châtiment n'a guère
d'autre limite que la volonté ou le pouvoir du maître.

Les classes ou les individualités privilégiées elles-
mêmes n'achètent la triste satisfaction de se trouver
élevées au-dessus des masses souffrantes qu'au prix
du sacrifice d'une partie de leurs droits, et l'oppression, pour peser moins fortement sur elles, ne s'en
fait pas moins sentir. Elles ne peuvent, d'ailleurs,
éprouver aucune sécurité réelle, et leurs privilèges
sont toujours sous le coup d'une violence d'en haut
ou d'une révolte d'en bas.

Le plein exercice du droit individuel est donc à
l'avantage de tous sans exception, et ne demande à
quelques-uns que le sacrifice de jouissances irrationnelles et puériles d'orgueil et de vanité auxquelles des intelligences bornées ou faussées peuvent
seules trouver satisfaction.

Le principe autoritaire tire toute sa force de l'antagonisme que son application fait naître de nations à nations, de classes à classes, d'individus à individus. Grâce à cet antagonisme entretenu par de sottes questions de point d'honneur et des rivalités d'intérêts découlant de l'existence de monopoles et priviléges, il s'impose par une prétendue nécessité de défense contre des dangers que seul il engendre, et que seul il perpétue par l'oppression des uns par les autres.

Le droit individuel ne connaît ni nations, ni classes, ni individualités distinctes. Il est le même pour tous et son exercice plein détruit l'antagonisme et amène la concorde en mutualisant et solidarisant tous les intérêts. Il ne connaît ni pauvres ni riches. Tous sont égaux et ont un droit semblable aussi bien à la richesse qu'au travail qui la produit, à la condition toutefois que cette richesse ne repose pas sur un privilége, mais soit le résultat légitime du travail intellectuel ou manuel, d'hier ou d'aujourd'hui.

Les différences d'aptitudes et de besoins entraîneront toujours certaines inégalités de richesse nécessaires d'ailleurs au progrès. Elles stimulent par l'émulation et la concurrence l'initiative individuelle, mais ces inégalités tendront à aller toujours se nivelant lorsque l'initiative individuelle, se développant en toute liberté, assurera à tous une même facilité d'accès à la richesse par le travail, sans entraves ni priviléges pour aucuns.

Tout appel à l'antagonisme, qu'il parte d'en haut ou d'en bas, qu'il parle au nom de religion, de patrie ou de l'ordre, ou bien qu'il abuse des mots de liberté, d'égalité et de fraternité, est un crime de lèse-humanité, profite à l'autorité et nuit au droit.

La protestation du droit contre la force doit être incessante, mais pacifique, et sans faiblesse comme sans violence. Tous doivent lutter énergiquement par la parole et la plume dans la limite de leurs pouvoirs, mais la lutte doit être contre les faux principes, et non contre les personnalités. Le droit doit laisser au principe autoritaire les excommunications, les anathèmes et les mises hors la loi. Il ne connaît dans l'humanité entière que des frères. Ses adversaires, égarés par l'ignorance ou un égoïsme mal entendu, doivent être ramenés par la persuasion et non par la violence. Ses vrais ennemis, contre lesquels on doit lutter sans trève ni relâche, sont l'ignorance et la misère.

Le progrès qui résulte de l'accumulation toujours croissante des produits des travaux antérieurs, intellectuels et matériels, ainsi que de l'élévation du niveau général par la diffusion de l'instruction développant l'intelligence et le sens moral, est incessant moralement et physiquement dans le monde entier. Sa continuation est indéfinie à moins d'un bouleversement total du globe, mais sa marche peut être localement entravée ou accélérée suivant le plus ou moins de liberté.

L'initiative individuelle, se développant librement dans l'ordre intellectuel et matériel, est la source de tout progrès réel. Elle n'est funeste que quand elle est viciée par l'action de la collectivité, toujours nuisible par les inégalités qu'elle crée fatalement quand elle veut se substituer à l'action individuelle en l'asservissant. L'objectif doit être l'amoindrissement incessant du pouvoir collectif et l'émancipation correspondante de l'initiative individuelle.

La liberté, appliquée d'une manière absolue, corrige d'elle-même ses excès qui ne proviennent jamais de son principe en lui-même, mais, bien au contraire, de ce que son application n'est que partielle et se trouve faussée par les restrictions et les réglementations abusives donton l'entoure, et contre lesquelles elle réagit.

Cependant les conséquences funestes de l'asservissement, de l'ignorance, de la misère, ne peuvent disparaître en un jour, et la liberté ne pourra régner d'une manière absolue que quand elles auront entièrement cessé de se faire sentir, et que le niveau universel aura atteint un point dont nous sommes loin encore. Mais la jouissance de plus en plus complète de la liberté peut seule nous faire atteindre ce but dont toute entrave, si nécessaire qu'elle puisse être comme expédient, tend fatalement à nous éloigner.

CHAPITRE II

LIBERTÉS POLITIQUES

Les formes de gouvernement sont infinies. La théocratie pure, prétendant représenter la divinité ou se posant elle-même en divinité, est la forme extrême du droit autoritaire et l'antipode du droit individuel. Son règne absolu, auquel la nature humaine se refuse invinciblement, aboutirait fatalement, par l'asservissement complet, moral, intellectuel et matériel, à l'anéantissement de l'initiative individuelle et à l'abrutissement de l'humanité dont il amènerait promptement la fin. En dehors de la théocratie pure, la collectivité peut s'incarner en un seul individu, comme dans la forme monarchique ou en plusieurs comme dans la forme républicaine. Le pouvoir, théocratique, monarchique ou républicain, peut être plus ou moins absolu, plus ou moins mélangé de droit autoritaire et de droit individuel.

L'opinion théocratique ou monarchique est plutôt une négation qu'une affirmation. C'est un suicide moral et intellectuel de l'individu qui abdique tout ou partie de sa conscience et de son droit en faveur d'un autre individu, pape, roi ou empereur, et de leurs délégués. Ce suicide devient inique quand l'individu prétend sacrifier non-seulement sa conscience et son droit, mais encore ceux de ses concitoyens, et plus encore, ceux des générations futures, et cela en faveur d'individualités inconnues et encore à naître.

L'opinion républicaine autoritaire est également illogique quand elle prétend sacrifier l'individualité à la collectivité, mais du moins elle admet, jusqu'à un certain point, le principe vrai, l'élection, qui est la reconnaissance du droit individuel, bien qu'en fait elle admette l'oppression de ce droit par les majorités ou les minorités.

Le gouvernement de droit individuel repose entièrement sur l'élection à tous les degrés. Tous les fonctionnaires doivent être convertis en mandataires et ceux-ci réduits dans la dernière limite du possible, en nombre et en attribution. L'individu doit faire par lui-même, autant que possible. Tout ce qu'il délègue de pouvoir à un mandataire quelconque est une aliénation volontaire de son droit, et doit être limité au strict nécessaire en durée et en étendue. Tout ce qui dépasse cette limite est un attentat non-seulement à son propre droit, mais encore à celui de ses concitoyens. Cette limite doit varier selon que l'individu, pris collectivement, est plus ou moins apte à exercer la plénitude de son droit. Cette aptitude s'acquiert, d'une part, par une instruction rationnelle lui donnant la conscience de son droit et le sentiment raisonné de sa responsabilité individuelle, et, d'autre part, par l'exercice du droit.

Les diverses manifestations du droit individuel

dans l'ordre politique sont la liberté, l'égalité, le droit de parler, d'écrire, de se réunir, d'aller et de venir, etc. Elles ne doivent être limitées que par la sécurité de leur exercice commun.

Leur jouissance paisible ne peut être assurée que par l'individu lui-même agissant collectivement et contrôlant sévèrement les actes de ses mandataires à tous les degrés qui, obéissant à un sentiment d'égoïsme mal entendu, inspiré par l'atmosphère autoritaire dont l'influence se fera encore longtemps sentir, tendront souvent à confisquer à leur profit la plus large part possible de son droit individuel. La jouissance des avantages de l'état de société impose des obligations auxquelles nul ne doit se soustraire par une abstention coupable. Le bon citoyen fait la nation libre et prospère, le mauvais citoyen la fait asservie et misérable. C'est aux bons à réagir sur les mauvais par l'exemple et la persuasion, jamais par la violence dont le triomphe éphémère amène fatalement la réaction. La transformation sera d'autant plus rapide qu'elle sera plus pacifique. Toute lutte, toute révolution violente, entrave le progrès, et rien de stable, pas même le droit, ne peut se fonder sur la violence qui profite toujours à l'autorité déguisée sous un nom ou sous un autre.

L'application du principe autoritaire dégrade l'individu en lui enlevant son initiative et le sentiment de sa responsabilité, et engendre tous les maux qu'il prétend réprimer. Partout où le despotisme règne, la nation est arriérée en tout. A mesure que la liberté s'affirme, l'individu reprend sa dignité et la conscience de ses devoirs, et la nation progresse en tout.

La centralisation, poussée de plus en plus à l'excès par tous les gouvernements qui se sont succédé
en France, est la négation du droit individuel, et a
eu pour résultat de subordonner entièrement l'individu à l'État. Ce faux principe est entré dans les
mœurs. L'individu, en masse, a perdu toute initiative et s'en est remis à la tutelle du pouvoir qui,
rendu responsable de tout par l'opinion publique,
fait tout et veut tout faire. Cette immixtion continuelle et forcément inhabile de l'État dans tout,
entraîne nécessairement des abus et des violations
du droit. Les fonctionnaires, imbus du principe
d'autorité, sacrifient tout au prétendu intérêt de la
société, être fictif qui se prête à toutes les interpré-
tations abusives. Ils ignorent le droit individuel, et
dans toute initiative privée voient une rébellion. Il
arrive fatalement un jour où la masse des droits
froissés amène une révolution. En définitive, nous
avons joui jusqu'ici de gouvernements autoritaires
tempérés par des révolutions. Mais ces révolutions
n'ont pu aboutir. On changeait les hommes, mais
les fonctions et l'arbitraire subsistaient. L'éducation
politique, qui ne s'acquiert que par la pratique, n'é-
tait pas faite. Les troubles, accompagnant inévitablement toute révolution violente, amenaient une
réaction dans les esprits, et la nation se remettait
en tutelle. L'individu doit apprendre à se passer de
cette tutelle, forcément oppressive, et à avoir recours en tout à sa propre initiative.

Le suffrage universel, qui est la reconnaissance
du droit individuel, existe en principe, mais son application n'est que partielle, et ses manifestations
n'ont lieu qu'à de longs intervalles. Dans les condi-

tions où il s'est exercé jusqu'ici, il a pu, jusqu'à un certain point, aller contre son principe et servir d'instrument au droit autoritaire pour l'oppression du droit individuel, mais le principe n'en est pas moins vrai, et ses inconvénients ne sont qu'accidentels et vont disparaissant à mesure que la nation s'éclaire. Ce principe est admis et hors de toute discussion. Toutes les conséquences en découleront forcément dans un temps très-rapproché. Il sera appliqué d'une manière de plus en plus complète et absolue, et la conquête du droit individuel se trouvera assurée, sans troubles ni révolutions, par une transformation progressant parallèlement à l'élévation du niveau général.

L'exercice plein du suffrage entraîne la transformation du fonctionnaire, émanation du principe autoritaire, en mandataire élu à tous les degrés, sans autres restrictions que celle des capacités, tout individu étant mis à même de les acquérir par la complète gratuité de l'instruction. Le fonctionnarisme, qui sait que ses prérogatives et son existence même, du moins dans sa forme actuelle, sont en cause, résiste à outrance. En haut, il dénature les lois et y introduit l'équivoque. En bas, il les applique avec arbitraire et provoque la résistance pour justifier la répression. Le fonctionnaire, pris individuellement, peut être très-honorable comme homme privé, mais son principe même, sa source autoritaire, le met forcément en lutte avec le droit individuel et sa conséquence le principe électif.

CHAPITRE III

LIBERTÉS INDIVIDUELLES

A l'état de société, la liberté de chacun est limitée
par celle des autres. Son exercice commun est réglé
par le sens moral de l'individu, et par les institutions politiques dont le principal but légitime est
de remédier aux abus que peut produire la perversion du sens moral. Elles agissent, soit par la répression, soit mieux par la prévention, en aidant au
développement de ce sens moral par l'instruction,
et en assurant ainsi la jouissance de plus en plus
complète de la liberté par l'amoindrissement de la
nécessité de l'action collective.

La sécurité de la liberté individuelle peut servir
de pierre de touche pour les gouvernements, et
aussi pour les gouvernés, tout peuple ayant, en
thèse générale, le gouvernement qu'il mérite. Tout
pays où elle est respectée est un pays bien gouverné, quelle que soit la forme de son gouvernement. Tout pays, au contraire, où elle est violée,
soit par le gouvernement, soit par des majorités ou
minorités oppressives, soit par des individualités,
est un pays mal gouverné. Ainsi, les monarchies

d'Angleterre et de Belgique, les républiques des Etats-Unis et de Suisse, avec des institutions politiques très-dissemblables, possèdent une somme de liberté individuelle à peu près égale, tandis que l'empire de Russie et certaines républiques de l'Amérique du Sud donnent un manque de sécurité individuelle presque égal, quoique par des causes opposées.

En France, si on excepte les membres du Corps législatif et les fonctionnaires couverts par des immunités particulières, la liberté de tous est à la merci de quelques fontionnaires qui peuvent décréter l'arrestation préventive sans qu'il y ait aucun recours ultérieur contre eux. En fait, les attentats à la liberté individuelle sont rares, mais personne n'en est à l'abri et chacun d'eux viole le droit et tend à pervertir le sens moral public. La subordination de l'individu à la collectivité, au moyen de la centralisation, a été poussée si loin que tous, et surtout les fonctionnaires, ignorent le droit individuel et en sont encore à apprendre que le but principal de l'état de société est de protéger l'individu contre toutes les oppressions, aussi bien celles des individualités, fussent-elles fonctionnaires, que celles des majorités ou des minorités égarées. En principe, la société tout entière ne peut attenter à la liberté d'un individu que dans la limite strictement nécessaire pour sa défense. Si cette limite est dépassée, le droit est violé.

Le respect de la liberté individuelle est la base de tout droit et de toute société.

Aucun citoyen ne doit être privé de sa liberté, à titre préventif ou répressif, sauf le cas de flagrant délit, qu'en vertu d'un jugement rendu par une magistrature élue, après instruction et débats publics.

L'individu a le droit absolu de parler, d'écrire, de se réunir, d'aller et de venir, sans autre limite que le droit égal des autres. Il ne doit être justifiable que du droit commun, au cas où il dépasserait cette limite. Toutes les législations et réglementations spéciales sont arbitraires et violent le droit. Toute entrave, comme le cautionnement pour les journaux, les monopoles et priviléges de librairie, imprimerie, colportage, les formalités pour les réunions, les passeports, etc., est une atteinte au droit individuel. Toutes ces mesures restrictives manquent d'ailleurs leur but, comme tout ce qui est arbitraire.

La liberté de la parole et celle de la presse sont non-seulement de plein droit, mais elles deviennent indispensables par leur conséquences. Là où elles existent, toute infraction au droit, de quelque nature qu'elle soit et quelle que soit la personne dont elle émane, est immédiatement signalée à l'opinion publique et énergiquement flétrie.

Elles éclairent par la discussion toutes les questions qu'elles produisent au grand jour, imposent toutes les vérités, dévoilent toutes les erreurs, et donnent la sécurité réelle en rendant impossible, par leur action continuelle, tout attentat d'en haut ou d'en bas. Quels que soient les abus auxquels elles peuvent donner lieu comme toute chose humaine, ces abus, dont la pleine liberté fait d'ailleurs vite justice,. ne peuvent être comparés aux bénéfices qu'elles confèrent.

CHAPITRE IV

LIBERTÉS COLLECTIVES

La sécurité de l'exercice commun des droits individuels doit être assurée par une organisation politique entièrement fondée sur le suffrage, sans autres entraves que celles des capacités, et où les attributions de chaque classe de mandataires soient strictement limitées en étendue et durée, en même temps que le nombre de ces mandataires réduit au chiffre absolument indispensable.

Les divisions naturelles sont :

La commune,
Le canton,
Le département,
L'Etat.

En manifestant nos idées sur l'organisation poliique, nous n'avons d'autre prétention que de poser des questions que chacun résoudra à son gré. Ces questions tirent, d'ailleurs, leur principale importance de l'influence, bonne ou mauvaise, que leurs solutions peuvent exercer sur le libre exercice des droits individuels.

Une constitution ne doit contenir que l'énoncé de quelques principes généraux à peu près invariables de leur nature, et être toujours ouverte aux modifications qu'entraîne la marche du progrès. Les véritables constitutions ne sont d'ailleurs pas celles écrites sur le papier, mais bien celles qui découlent des mœurs publiques.

La législation doit être directe autant que possible. La nation ne peut discuter elle-même les lois et règlements, mais rien ne s'oppose à ce qu'elle les sanctionne dans leur ensemble, par oui et non, à l'époque fixée pour les élections. En cas d'urgence, les projets de loi arrêtés par les mandataires seraient soumis à la sanction immédiate. Comme transition, la législation directe pourrait n'être appliquée que pour les questions d'une certaine importance, comme pour la paix et la guerre, par exemple, au point de vue général. Mais en principe, la sanction, dévolue jusqu'ici aux monarques et à leurs délégués, appartient au peuple souverain lui-même, à tous les degrés de l'organisation, et non à ses mandataires.

La législation politique, administrative, judiciaire, etc., doit être ramenée à un ensemble net et concis de lois, permanentes ou transitoires, d'intérêt général ou local, évitant autant que possible la nécessité de lois nouvelles dont la création doit d'ailleurs être justifiée par des besoins évidents. La simplification des lois et règlements doit toujours être l'objectif. Leur multiplicité et leur complication est toujours un mal, et leur nécessité ira décroissant à mesure que le droit individuel ira s'affirmant.

Les mandataires, à tous les degrés de l'organisation, doivent être élus annuellement à une époque fixe, soit le 1er janvier, et être indéfiniment rééligibles. Ils doivent être payés au prorata du travail exigé d'eux. La gratuité des fonctions constitue un privilége au profit des riches et au détriment des pauvres, et viole le principe de la rémunération du travail de quelque nature qu'il soit. Cette rémunération serait d'ailleurs fixée par chaque conseil et varierait nécessairement suivant les circonstances et les convenances locales. Tout cumul doit être interdit, du moins au-dessus d'un chiffre qui pourrait être fixé à quinze cents francs, par exemple.

On ne doit pas se faire un épouvantail de l'appel fréquent aux électeurs, appel qui, du reste, n'aurait généralement lieu qu'une fois par an. On ne doit pas raisonner d'après l'ébranlement que peuvent donner les élections actuelles qui, n'ayant lieu qu'à des intervalles très-éloignés, agitent nécessairement la nation. L'agitation décroîtrait en raison de la fréquence du suffrage auquel les mœurs publiques se feraient rapidement.

L'élection directe à tous les emplois est le principe absolu auquel on doit arriver progressivement, mais elle aurait l'inconvénient de détruire l'organisation administrative, encore nécessaire en l'état actuel des choses, et d'amener des conflits de toute espèce entre les mandataires.

L'élection directe doit s'appliquer, ainsi que cela a lieu actuellement, aux conseils communaux, cantonaux, départementaux et à l'assemblée générale, jouissant, chacun dans leur sphère, du pouvoir souverain.

Les mandataires, ainsi élus, choisissent dans leur sein leurs présidents. Ceux-ci administrent sous le contrôle des conseils auxquels ils proposent les nominations des agents sous leurs ordres, au fur et à mesure des besoins, et sous réserve des capacités.

Les conseils étant souverains, tout conflit serait impossible, du moins à chaque degré respectif de l'organisation. Quant aux conflits possibles entre les divers degrés, outre l'appel au degré supérieur, il y aurait la ressource de l'appel au suffrage.

La réforme la plus urgente dans l'organisation politique est la décentralisation. Elle doit commencer par la commune. La commune libre fait l'État libre. Il ne peut y avoir de discussion sur le principe ; toute commune veut s'administrer elle-même. En pratique, l'organisation communale suffit amplement pour assurer l'exercice commun des droits individuels et empêcher tous graves abus. Ce n'est que très-exceptionnellement que cette organisation, puisant son autorité dans l'élection, serait insuffisante. Dans ce cas seulement, le pouvoir collectif est en droit d'intervenir, mais uniquement pour assurer l'exercice commun des droits individuels qui pourraient se trouver lésés par une majorité ou une minorité oppressive, et cette intervention doit être toute temporaire. Il est illogique et arbitraire d'ériger en système permanent l'oppression de la commune par le pouvoir collectif, sous prétexte d'éviter des abus éventuels et peu probables d'ailleurs. Cette oppression des libertés communales ne peut non plus donner, ainsi qu'on le prétend, aucun élément réel de force au pouvoir, et est bien plutôt un sujet de faiblesse pour lui, puisqu'elle le met en conflit, plus ou moins latent, avec la nation tout entière unanime sur ce point.

Le pouvoir collectif, quel qu'il soit, émanant de l'hérédité ou du suffrage, concentré en un seul individu ou divisé entre les membres d'une assemblée, sera toujours moins apte à statuer, par lui-même ou par ses délégués, sur les questions de commune, qu'une administration communale, fonctionnant sous les yeux des intéressés dont elle dépend et qui peuvent exercer sur elle un contrôle efficace et de tous les instants. La responsabilité d'un pouvoir collectif est au contraire de plus en plus illusoire, et son contrôle moins efficace, à mesure que les intérêts engagés deviennent plus nombreux et plus complexes. Sa tendance sera toujours aux empiètements, et ses attributions doivent se restreindre de plus en plus, partie passant aux mains des communes et des départements, et celles restantes étant strictement limitées aux intérêts collectifs.

La décentralisation doit s'étendre au canton et au département comme à la commune, mais la jouissance de ses droits individuels et l'administration de sa commune touchent de bien plus près l'individu que ses intérêts collectifs. Que l'individu soit libre, que la commune se gouverne librement, le reste coule de source.

Le pouvoir prétendu fort, tel qu'il résulte de la centralisation actuelle, monarchie, empire ou république, fait l'oppression, met la France à la merci d'une surprise, révolution ou coup d'État, et ne peut donner la sécurité réelle.

Le pouvoir décentralisé, c'est-à-dire réparti entre les divers degrés de l'organisation politique, assure la liberté, rend impossible la réussite de tout attentat, et donne la sécurité à tous les droits.

La décentralisation est autant dans l'intérêt d'un pouvoir collectif, quel qu'il soit, que dans celui de la nation, puisqu'elle lui donne en stabilité ce qu'elle lui enlève en arbitraire.

COMMUNE. — La commune est une agrégation naturelle d'individus habitant les mêmes lieux. Telle qu'elle est constituée en France, elle a sa raison d'être, d'une part, par l'ancienneté qui a rendu les intérêts communs depuis longtemps, et d'autre part, par une étendue de territoire assez égale en général. Sous le rapport de la population il y a de grandes différences. Peut-être serait-il convenable de grouper en une diverses communes dont l'importance est trop réduite et les ressources insuffisantes. D'un autre côté, pour certaines villes, une seule mairie ne peut suffire aux besoins d'une population toujours croissante. En ceci, pleine latitude doit être laissée aux populations elles-mêmes qui sont les meilleurs juges de leurs convenances.

En principe, la commune est maîtresse souveraine chez elle dans la limite du respect du droit individuel et du droit des autres communes. L'État ne doit intervenir que pour assurer le respect de ces droits, sans s'immiscer en rien dans l'administration intérieure de la commune.

Le conseil communal doit être élu à des périodes rapprochées, soit chaque année, afin qu'il représente toujours fidèlement les volontés des mandants. Le conseil municipal élit son président ou maire, et le nombre d'adjoints nécessaire. Ce président administre la commune sous le contrôle du conseil auquel il propose la nomination ou la révocation des agents communaux de toute classe.

Les séances du conseil municipal doivent être publiques et procès-verbal doit en être dressé et affiché à la porte de la mairie. Elles pourraient être fixées réglementairement au premier dimanche de chaque mois. Les conseillers recevraient des jetons de présence dont la valeur serait déterminée par le conseil. Le maire recevrait une indemnité fixe votée annuellement par le conseil.

Les arrêtés d'importance générale seraient soumis annuellement, ou plus tôt en cas d'urgence, à la sanction des électeurs de la commune, les adoptant ou les rejetant par oui ou par non.

Les octrois sont, en dehors de leurs effets funestes au point de vue économique, une atteinte aux droits communs et doivent être supprimés. L'impôt transformé et unifié doit être reparti et perçu par la commune qui, après avoir prélevé la part qui lui correspond, le verse au canton, au département et à l'État, suivant les proportions voulues.

CANTON. — Le canton est une division artificielle qui puise sa raison d'être dans le groupement naturel d'un certain nombre de communes contiguës, et dont les intérêts sont plus ou moins communs.

Le canton doit s'administrer aussi indépendamment que les communes dont il gère les intérêts communs. L'organisation cantonnale doit se composer d'un conseil élu annuellement et choisissant dans son sein un président chargé d'administrer le canton sous le contrôle du conseil qui nomme, sur la proposition du président, les agents cantonnaux, tels que les juges de paix, les commissaires cantonnaux, les agents voyers, etc.

Le nombre des conseillers pourrait être fixé à douze au minimum et vingt-quatre au maximum, suivant la population du canton. Ces chiffres sont d'ailleurs complétement arbitraires et sans importance réelle. Mêmes règlements pour les conseils cantonnaux que pour les conseils communaux.

Au-dessus du canton se trouve l'arrondissement, qui pourrait être supprimé pour simplifier les rouages et économiser les dépenses. Ceci entraînerait un certain remaniement des cantons, dont le nombre pourrait être accru suivant les besoins et les vœux exprimés. La suppression de l'arrondissement ne se ferait guère sentir qu'au point de vue judiciaire. Une compétence plus étendue des juges de paix, d'une part, et de l'autre, la facilité toujours croissante des communications rendrait peu onéreuse l'obligation de poursuivre certaines affaires au chef-lieu de département. D'ailleurs la concentration sur ce dernier point permettrait une expédition plus rapide et moins dispendieuse par conséquent.

DÉPARTEMENT. — Le département doit s'administrer par un conseil élu annuellement par les électeurs des cantons le composant, à raison d'un conseiller au minimum par canton, le nombre des conseillers à élire par chaque canton augmentant au prorata de sa population.

Le conseil élit à son tour un président chargé de diriger l'administration, sous son contrôle, et de lui proposer la nomination de tous les agents départementaux dans l'ordre administratif, judiciaire, enseignant, financier, etc.

Ces agents de l'administration départementale relèvent hiérarchiquement de leurs supérieurs, de même qu'ils sont superposés aux agents communaux et cantonnaux de leur ordre respectif, mais ils sont sous les ordres directs du président départemental.

Le conseil doit s'assembler le 1er de chaque trimestre, et la session doit durer le temps nécessaire à l'expédition des affaires. Mêmes règlements que pour les conseils communaux et cantonnaux.

Le conseil départemental administre souverainement dans la limite de ses attributions, et ne ressort de l'assemblée générale que pour les intérêts collectifs ou bien pour les cas d'appel de la part des individus, communes ou cantons.

ÉTAT. — Le pouvoir collectif peut être ramené à la même simplification que les pouvoirs départementaux, cantonnaux et communaux. En le composant d'une assemblée souveraine élue annuellement, on écarte toutes sources de conflits. Les usurpations de pouvoir de sa part seraient également évitées, d'une part, par la décentralisation, les attributions de l'État étant strictement définies et limitées au nécessaire, et d'autre part, par la nécessité de la sanction du suffrage universel.

Il y a des raisons pour et contre une assemblée nombreuse. Il est certain que la majorité ne compte et ne comptera jamais que par ses votes. L'amoindrissement de l'action collective par la décentralisation et l'exercice du droit individuel, diminuerait fortement la besogne. Il y a aussi une raison d'économie militant en faveur d'un petit nombre. D'autre part, un plus grand nombre de députés tend à assurer une représentation aux minorités, à activer le travail des bureaux en le répartissant sur un plus grand nombre, et à diminuer le poids des influences personnelles. En prenant pour base le chiffre d'un représentant par cent mille âmes, on arrive à un nombre de près de quatre cents, ce qui serait peut-être rationnel.

L'assemblée nommerait un président chargé de l'administration; elle contrôlerait ses actes et nommerait sur sa proposition à tous les emplois ressortant du gouvernement général. Ses séances ouvriraient à jour fixe le premier de chaque trimestre.

Outre la suppression du Sénat, du conseil d'Etat, etc., cette organisation entraînerait la transformation des ministres en administrateurs, gens du métier, et se tenant en dehors de la politique.

Ce système, que nous présentons sous toutes réserves, éviterait, nous le pensons, tout conflit sérieux. Il n'en est pas de même avec l'organisation actuelle. Il a bien fallu trouver quelques palliatifs pour amortir les conflits possibles entre les deux seuls pouvoirs réels, le pouvoir exécutif et le pouvoir législatif. L'utilité du Sénat et du conseil d'État est au moins douteuse à ce point de vue. Ils ne représentent en effet que le pouvoir exécutif dont ils émanent, et il leur manque la sanction du suffrage qui, seule, peut légitimer les pouvoirs et leur donner la force.

Le ministère responsable remplit mieux le but, le pouvoir exécutif et le pouvoir législatif exerçant une jointe influence sur lui. Il peut servir à dissimuler l'antagonisme et à jouer pendant quelque temps la comédie parlementaire, mais en réalité, si le conflit était sérieux, la lutte passerait par dessus les ministres, et il n'y aurait que trois solutions.

Deux violentes :

> Le coup d'État,
> La révolution.

Une pacifique :

> L'appel au peuple.

Encore faudrait-il une majorité accentuée dans un sens pour éviter la lutte violente.

Il est évident que l'organisation politique, telle que nous l'avons présentée, ne pourrait s'appliquer dans son ensemble que par suite d'une révolution violente qu'on ne doit pas désirer ou d'une abdication volontaire de l'Empire que rien ne fait présager, mais que nous avons le droit de prévoir dans l'avenir. Néanmoins, il peut y avoir telles de ces mesures qui ne soient pas incompatibles avec le pouvoir existant, en admettant sa transformation libérale, et qui pourraient être mises progressivement en pratique avec les modifications jugées nécessaires.

CHAPITRE V

DROIT DE PUNIR ET CRIMINALITÉ — JUSTICE ET POLICE

Dans le sens absolu de la phrase, la société n'a pas le droit de punir. Le crime ou délit peut être assimilé à la folie ; c'est également une aberration du sens moral et intellectuel. On ne punit pas les fous, mais on cherche à les guérir, tout en préservant la société de leurs excès. Le droit de la société est le même dans un cas que dans l'autre : les moyens de défense et de guérison doivent seuls varier.

La société a le droit et le devoir de prévenir et de réprimer toute violation de l'exercice commun du droit individuel, mais elle a souvent dépassé le but dans la répression, et, quant à la prévention, elle s'est malheureusement plutôt appuyée sur un sentiment dégradant, la crainte inspirée par une répression sévère, que sur la moralisation par l'instruction. Elle a souvent aussi violé le droit en édictant certaines peines pour de prétendus crimes ou délits contre la collectivité ne lésant en réalité aucun droit individuel, et arbitraires par conséquent.

Les vices du système actuel sont évidents.

Pour la recherche des coupables, la justice fonctionne secrètement, et à l'aide exclusif de la police, écartant systématiquement l'action du public qui, tenant d'ailleurs en suspicion cette manière d'opérer, se désintéresse complétement, à moins qu'il ne s'agisse de quelque grand forfait. Il en résulte que la police, réduite à ses seules ressources, se trouve insuffisante, et que les quatre cinquièmes des crimes commis restent impunis. Or le criminel est bien plutôt arrêté par la certitude du châtiment que par le degré de sévérité de la peine à laquelle il espère toujours échapper. Le jour où la justice ne craindra plus le grand jour et où elle fera appel à tous, l'impunité sera bien rare.

Les pénalités sont beaucoup trop sévères en général et ne tiennent pas assez compte des circonstances qui souvent, sans justifier le crime, l'expliquent en partie, et peuvent même quelquefois faire rejaillir une partie de la responsabilité sur les vices de la société elle-même.

La peine de mort, la justice fût-elle infaillible et ne condamnât-elle jamais d'innocents, ne peut se justifier en droit. Aucun homme ou réunion d'hommes n'a le droit de tuer son semblable. Le spectacle sanglant du meurtre légal est démoralisateur et tend à pervertir, par l'exemple que donne la société du mépris de la vie humaine. Le seul argument, que les partisans de la peine de mort allèguent pour son maintien, est la terreur, salutaire suivant eux, inspirée par l'exemple. Ce même argument, invoqué avec autant de raison en faveur de la torture, de la roue et de tous les supplices tendant à augmenter l'horreur de la peine de mort, n'a pu empêcher leur suppression, et il n'empêchera pas non plus que cette peine ne soit rayée de tous les codes dans un temps rapproché. Il est certainement difficile d'établir, en admettant que le criminel pèse froidement le plus ou moins de sévérité du châtiment qui peut l'atteindre, le plus ou moins d'influence que cette terreur peut exercer sur lui, mais il est certain qu'elle ne tend en aucun cas à le moraliser. L'expérience passée et présente enseigne d'ailleurs que la moralité publique et le plus ou moins de férocité dans la répression suivent une marche parallèle ; que là où cette répression est exagérée, la criminalité est excessive, et que là où elle est adoucie, la criminalité est moindre. On doit en conclure rationnellement que le caractère des pénalités et les mœurs publiques réagissent réciproquement l'un sur l'autre, et que le degré de cruauté ou d'adoucissement, dans les peines infligées par la société, influe par l'exemple sur les individus.

Les bagnes n'existent plus en principe ; ils ont été remplacés par la transportation : c'est un progrès. Le système de détention généralement employé aboutit fatalement à une démoralisation plus profonde du détenu. Les prisons sont de véritables écoles de crimes. Les préjugés existants contre les libérés ont donc un fondement rationnel, et tendent d'autre part à les rejeter forcément dans la carrière criminelle en leur ôtant tout moyen honnête d'existence.

La transportation doit être appliquée à toutes les condamnations dépassant une année. Les frais de transport, minimes d'ailleurs, en y consacrant la marine de l'État, seraient largement compensés par l'économie produite par la suppression des prisons centrales et par le travail utile que pourraient fournir les détenus dans un pays, tel que la Guyane, où une surveillance efficace peut s'allier à une liberté de travail relative. Le travail, surtout en plein air, est un grand moralisateur, et ses effets bénéficiaires, joints au développement de l'intelligence provoqué par une instruction largement donnée, auraient pour résultat fréquent un redressement du sens moral du criminel. On pourrait, pour les peines d'une moindre durée, établir des colonies pénitentiaires en Algérie. Les détenus seraient employés au défrichement, à la création d'oasis, etc.

Le droit de grâce pourrait être transféré, dans une certaine mesure, aux tribunaux siégeant sur les lieux, qui pourraient accorder, selon les cas, non une réduction de peine, mais sa transformation au moyen de la création de différentes catégories entre les détenus. Ils devraient avoir plutôt égard au degré de leur moralisation plus ou moins avancée qu'à celui de leur culpabilité. Les détenus pourraient même être affranchis de toute pénalité autre que celle de ne pouvoir quitter la localité avant l'expiration de leur peine, et des concessions de terrain leur seraient accordées au besoin.

Pour les délits de peu de gravité, la prison devrait être remplacée, autant que possible, par une amende proportionnée, d'une part, aux ressources du délinquant, et de l'autre, au dommage causé, s'il est matériellement appréciable. En cas de prison, la règle doit être le travail à un métier utile, non en vue du produit, mais de la moralisation du détenu qui, d'autre part, peut acquérir ainsi un moyen d'existence.

Un code pénal rationnel ne devrait comprendre que quelques articles, et laisser à l'appréciation des tribunaux l'application des peines dans de larges limites. Ceci, avec les magistrats fonctionnaires, conduirait à l'arbitraire, mais, avec une magistrature élue et les ressources d'appel, un abus de ces tribunaux ne serait guère à craindre, et, en tous cas, l'opinion publique ferait vite justice. En ceci, comme en toute autre chose, on doit chercher la simplification et écarter toute réglementation qui ne soit pas absolument indispensable. Tous les codes spéciaux en matière pénale, tels que ceux de la guerre, de la marine, etc., doivent disparaître, de même que toutes immunités couvrant les fonctionnaires ou mandataires. Le droit est le même pour tous, et la loi ne doit être que le droit écrit.

L'objectif de la société doit être non la répression, qui ne peut être acceptée que comme un mal nécessaire, mais la prévention du crime et de la récidive par la moralisation. Il est à espérer qu'un jour viendra où le sens moral de l'individu sera assez développé pour que toute atteinte au droit cesse, ou au moins pour que le blâme public soit une répression suffisante. En attendant, on ira se rapprochant du but, et la criminalité ira décroissant à mesure que l'oppression, l'ignorance et la misère feront place à la liberté, à l'instruction et au bien-être.

JUSTICE ET POLICE. — L'organisation actuelle de la justice est très-compliquée. Il y a des tribunaux de simple police, de police correctionnelle, des juges d'instruction, des chambres de mise en accusation, des cours d'assises ; des justices de paix, des tribunaux de première instance, des cours d'appel ; des tribunaux de commerce ; des conseils de préfecture, de guerre, de marine ; une Cour de cassation, un conseil d'État, une haute cour de justice, etc.

La justice est rendue par des magistrats, des administrateurs, des commerçants, des jurés, etc.

Accessoirement, il y a des avocats, dès avoués, des agréés, des greffiers, des huissiers, etc.

La législation est très-complexe. Outre les codes, il y a nombre de législations spéciales, de règlements, etc.

Le savoir nous manque, aussi bien que l'espace, pour traiter à fond ces questions. Nous nous bornerons, à indiquer, en quelques lignes, nos idées que chacun appréciera. Commençons par déclarer que la société devrait respecter tous les droits acquis, et indemniser, d'une manière convenable, les titulaires de toutes les charges qui pourraient être supprimées.

La séparation complète des pouvoirs judiciaires et politiques est indispensable, en l'état des choses, à la sécurité du droit individuel. En droit, le principe de la séparation des pouvoirs doit être strictement appliqué à toutes les fonctions indistinctement, ainsi qu'à leurs divers degrés dans l'organisation, mais, en pratique et transitoirement, il est préférable de maintenir un certain lien entre elles, à la condition toutefois qu'elles émanent toutes du suffrage direct ou à deux degrés.

Pour les affaires de peu d'importance, quelle que soit leur nature, pourvu qu'elles n'intéressent pas la liberté individuelle, le juge de paix est suffisant. Sa compétence doit être augmentée, sauf le droit d'appel. Il serait nommé, ainsi que son greffier, par le conseil cantonnal.

Au second degré, la cour d'appel siégeant au chef-lieu du département et statuant sur toutes les causes, sans exception aucune, civiles, criminelles, commerciales, administratives, etc., sauf appel à la cour suprême. Les cours d'appel se composeraient d'un nombre suffisant de magistrats nommés par les conseils départementaux, et choisis parmi les juges de paix ou toutes autres personnes réunissant les capacités voulues. Ces magistrats se répartiraient, selon les besoins, entre les diverses juridictions, criminelles, civiles, etc. Un nombre suffisant de magistrats, chargés de poursuivre au nom de la société, et de greffiers, serait attaché à chaque cour. Ils seraient également élus par le conseil départemental.

La cour suprême, composée de magistrats nommés par l'assemblée souveraine, statuerait, en dernier appel, sur toutes les causes, tant sur le fond que sur la forme.

Les débats de toute nature doivent être publics à tous les degrés. Les jugements doivent être rendus au plus bref délai. La justice doit être entièrement gratuite, les seuls frais à la charge du public devant être ceux des expéditions délivrées aux parties sur leur demande, et ceux d'avocat dont la corporation doit disparaître, toute personne qui y est apte, étant reçue à plaider devant les tribunaux.

Les avoués et les agréés doivent être supprimés. Les huissiers pourraient l'être aussi, et leurs fonctions seraient remplies par les greffiers.

Nous préférons, pour notre part, des magistrats élus à des jurés tirés au sort et qui, dans l'état actuel, sont pris exclusivement parmi les classes riches. Il en est de même pour les membres des tribunaux de commerce, etc. Cependant le jury doit être préféré, aussi bien au correctionnel qu'au criminel, à la magistrature fonctionnaire, telle qu'elle existe.

Il est évident que l'application de ce système supprime nécessairement toutes les législations spéciales, tout rentrant dans le droit commun, et entraîne une refonte complète de la législation qui doit être simplifiée à l'extrême par l'unification du droit, tant pour les choses que pour les personnes, et faire partie de l'enseignement général. Actuellement, la connaissance de notre législation si complexe n'est à la portée que d'un très-petit nombre de personnes qui, d'ailleurs elles-mêmes, n'en connaissent guère à fond que certaines branches. Pour le public, c'est lettre à peu près close, quoique, par une fiction arbitraire, tout citoyen soit supposé connaître la loi.

L'arbitrage à l'amiable est la vraie application du principe de droit individuel. Il doit être moralement encouragé, mais laissé d'ailleurs entièrement libre, toute réglementation faussant son principe. D'une part, la cessation de l'antagonisme par l'amoindrissement du principe autoritaire qui l'enfante, et d'autre part l'application de plus en plus fréquente de l'arbitrage par amis communs, rendront de plus en plus rares les procès et permettront d'aller toujours simplifiant l'organisation judiciaire.

La police peut se composer : dans les communes rurales, d'un garde-champêtre; dans les villes, d'un nombre suffisant d'agents de police ayant pour chefs un ou plusieurs commissaires. Ces agents sont sous les ordres des maires.

A chaque canton, un commissaire sous les ordres du président du conseil cantonnal.

Au chef-lieu de département, un commissaire central sous les ordres du président du conseil.

A Paris, un chef de division centralisant le service.

Tous les agents doivent obéissance, dans de certaines limites, aux magistrats, et à leurs supérieurs hiérarchiques.

La gendarmerie doit être transformée en police et relever des commissaires cantonnaux, tout l'état-major, rouage inutile, disparaissant.

Tous ces agents sont nommés par les conseils respectifs, sur la proposition de leurs présidents. Ils doivent être choisis exclusivement parmi les hommes valides et en état de service. Ils seraient chargés de l'instruction militaire, en tant que le progrès universel n'aura pas rendu toute guerre impossible. Ils formeraient, en quelque sorte, les cadres de l'armée nationale.

La déconsidération, qui s'attache à ces agents, disparaîtrait avec l'arbitraire, et ils rencontreraient partout l'aide qui leur est due pour la juste répression des crimes et délits, aide qui leur est maintenant refusée en raison de la défiance, trop souvent motivée, qu'ils inspirent.

CHAPITRE VI

PAIX ET GUERRE — ARMÉE ET MARINE

De toutes les absurdités auxquelles la race humaine ait pu se laisser entraîner, une des plus grandes est certainement le massacre entre nations érigé à l'état d'institution. Que deux individus en colère en viennent aux coups, que deux communes voisines, en contact journalier, entrent en lutte, cela se comprend. Mais que des Français tiennent à massacrer des Anglais ou des Prussiens qu'ils n'ont jamais vus, et contre lesquels ils ne peuvent avoir aucuns motifs personnels d'animosité, cela prouve à quels degrés de stupidité on peut rabaisser l'homme par l'enseignement autoritaire, et la facilité qu'il y a à l'entraîner à commettre, dans son ignorance, ce qu'il y a de plus odieux et de plus funeste pour lui. Il suffit, pour cela, d'agir sur la peur et la vanité, sentiments tout-puissants sur qui ne sait raisonner, en les décorant des beaux noms d'honneur et de patriotisme. C'est ce que sait faire le principe autoritaire qui fait même intervenir la divinité pour sanctifier ces massacres.

Le principe autoritaire ne peut en effet subsister que par l'emploi de la violence et l'existence de la guerre, ouverte ou latente, à l'intérieur ou à l'extérieur, entretenant l'esprit d'antagonisme, la misère, la criminalité et l'asservissement.

La paix amène forcément la concorde, le bien-
être, le respect du droit et la liberté.

En principe, la souveraineté du peuple est recon-
nue : c'est la paix ; en pratique, elle n'existe pas.
Un individu peut, à son gré, envoyer une nation à
la boucherie, et, si le sentiment de l'humanité ne
l'emporte pas chez lui sur l'intérêt du principe qu'il
représente, la guerre passe à l'état perpétuel. La nation se trouve à la merci d'une conscience viciée
fatalement par l'atmosphère autoritaire et les so-
phismes que sait se créer l'égoïsme. Toutes les
nations se trouvent entraînées à la guerre, et réagissent les unes contre les autres au détriment commun.

Les ruines matérielles causées par la guerre, la
dépopulation, l'abâtardissement physique de l'espèce, la misère, ne sont rien auprès des conséquences morales. La guerre est le règne absolu de la
force, la glorification du meurtre, le mépris souverain du droit, la démoralisation, l'asservissement
par la terreur. La victoire est souvent plus funeste
que la défaite. Une seule guerre est excusable ;
c'est celle qui est strictement défensive, et ses
effets, pour être inévitables, n'en sont pas moins
funestes. Quant aux guerres motivées par un sau-
vage point d'honneur, elles sont plus absurdes encore de nation à nation que d'individu à individu.

La guerre de nation à nation disparaîtra sans
doute dans l'avenir, de même qu'a disparu la guerre
de province à province, de château à château, d'individu à individu, mais tout doit être tenté pour
hâter le plus possible ce résultat. Le droit de guerre
ne doit pas être laissé au caprice d'un seul, mais
restitué à la nation entière s'exprimant par le vote
universel.

La seule guerre rationnelle est celle de l'instruction contre l'ignorance. Le professeur et le maître d'école doivent remplacer le soldat et le gendarme. Quelques agents de police suffiraient à tenir en respect les rares malfaiteurs qui, rebelles à l'instruction, survivraient à la cause autoritaire qui les crée.

Pour assurer la paix, il suffit que chaque nation rentre en possession d'elle-même ; alors la guerre, qui n'est qu'un suicide collectif, devient impossible. Si quelque nation arriérée, rebelle au progrès, violait le droit commun, elle serait mise au ban de l'univers, et sa cause ne saurait prévaloir contre le blâme de tous. Toute violation du droit, n'importe où, est un danger pour tous; mais ce danger ne saurait être conjuré par la guerre qui ne peut que l'agrandir. L'influence morale seule doit agir et suffit d'ailleurs.

Un moyen pratique immédiat de rendre la guerre presque impossible, c'est la suppression de l'armée permanente. Les craintes d'envahissement de la France sont chimériques, et tous le savent. L'armée n'est donc une nécessité que pour la guerre offensive ou plutôt pour la compression à l'intérieur.

L'existence d'une armée permanente, non-seulement est une source énorme de dépenses improductives, mais encore elle enlève à la production la portion la plus valide de la population, et occasionne doublement ainsi la misère.

Ses effets moraux sont encore plus funestes. Par le célibat forcé qu'elle impose, elle démoralise le soldat et jette à la prostitution nombre de femmes. Elle détruit l'esprit d'initiative et de travail, et la saine notion du droit qu'elle remplace par l'esprit d'asservissement et de paresse, et le culte de la force.

Le progrès général rendra bientôt inutile toute espèce d'armée; mais, dès maintenant, la population armée suffirait au besoin à toutes les nécessités de la défense. Que la France donne l'exemple du courage en désarmant, et toutes les nations, dont on ne pourra plus exploiter la peur, sauront bien forcer leurs gouvernements à le suivre. La conséquence indirecte serait l'affranchissement pacifique de tous les peuples, l'oppression ne pouvant se maintenir sans armées.

Si la nation ne se sent pas encore assez de courage pour pouvoir se suffire seule contre les dangers imaginaires qu'on évoque devant elle, elle peut et doit du moins, à mesure qu'elle s'éclaire et qu'elle guérit de ses peurs factices, imposer, par l'organe de ses députés, une diminution progressive de l'armée. Les droits acquis des officiers doivent être respectés, et ceux qui ne pourraient être pourvus autrement devraient être indemnisés de la perte de leurs emplois.

Comme mesure transitoire, le temps de service doit être réduit au strict nécessaire. Six mois, un an au plus, suffisent amplement à l'instruction du soldat. Le surplus ne sert guère qu'à lui inculquer un esprit d'obéissance passive contraire aux principes qui doivent animer le citoyen, et un esprit d'antagonisme avec le restant de la nation, qui font de l'armée un instrument docile de l'autorité et un danger permanent pour la liberté.

Si lourd que soit l'impôt du sang qui pèse sur la nation entière, il se fait sentir encore plus pesamment sur les marins. Pour eux, il n'y a ni tirage au sort, ni exceptions. Tous doivent le service, sans limite de durée, et tant qu'ils y sont aptes. Le gouvernement peut les prendre ou les laisser, sans autre règle que son bon plaisir, ou une prétendue nécessité qu'il crée lui-même. Cet arbitraire a produit sa conséquence forcée. La France, malgré tous ses avantages de position et son étendue de côtes, malgré ses trente-huit millions de population, ne compte qu'un nombre relativement insignifiant de marins se recrutant exclusivement parmi les classes vouées par nécessité à la mer.

La marine militaire enlève à la marine marchande l'élite de ses matelots qu'elle ne lui rend qu'ayant perdu en partie les qualités d'initiative et d'activité qui leur sont pourtant si indispensables. Cette marine militaire grève les budgets, surtout par ses énormes dépenses de matériel, d'ailleurs presqu'inutiles, la science de l'attaque et de la défense progressant constamment, et rendant journellement inefficace le travail de la veille.

Les États-Unis n'ont pour ainsi dire pas de marine militaire et cependant leur puissance sur mer n'en est pas moins redoutée de tous, et personne ne met en doute leurs pouvoirs presqu'illimités de se créer, en quelques jours, des moyens formidables d'attaque et de défense maritime. Cette puissance ne reconnaît qu'une source : la liberté, qui, par l'énorme développement qu'elle provoque en tout, en temps de paix, donne au besoin des ressources inépuisables pour la défense.

La marine militaire doit être réduite à quelques bâtiments légers en temps de paix. L'inscription maritime, aussi odieuse dans son principe que funeste dans sa pratique, doit être abolie.

CHAPITRE VII

RELIGION — ÉDUCATION — FAMILLE

Liberté de la pensée

Les plus sombres pages de l'histoire, qui n'est guère pourtant qu'un long catalogue des tueries humaines, appartiennent aux persécutions exercées par les religions dominantes contre la liberté de la pensée, qu'elle se manifeste sous la forme de l'esprit d'examen indépendant ou sous une nouvelle forme de religion. Le christianisme à son aurore, protestation de la conscience humaine, et persécuté par le paganisme à son déclin, a depuis égalé, sinon surpassé, ce dernier en horreurs de toutes espèces. Toute religion autoritaire, étant une négation de la libre pensée individuelle, se trouve fatalement condamnée à la violence pour imposer son oppression morale mille fois plus funeste que l'oppression matérielle qu'elle engendre d'ailleurs forcément. Elle ne peut se fonder que sur la dégradation morale, intellectuelle et matérielle, et toute puissance intellectuelle, toute force morale, tout bien-être chez l'individu, lui est contraire. Le savoir, l'esprit d'examen, la discussion percent à jour le voile épais dont l'hypocrisie couvre ses monstrueuses créations où souvent l'obscène le dispute à l'odieux. Aussi les tortures, les massacres dans ce monde ne lui suffisent pas. Elle a encore recours aux supplices d'une autre vie et condamne ses adversaires, même inconscients, aux tortures éternelles. Son dieu, qu'elle fait aussi inepte que barbare, et qu'elle ravale au rôle hideux d'exécuteur de ses hautes-œuvres, ne peut régner que dans les ténèbres. Les lumières de la science lui sont mortelles.

Toute religion est nécessairement basée sur un ensemble de doctrines pouvant, à un certain moment donné dans la vie de l'humanité, former un idéal supérieur au niveau général et avoir par cela même un effet bénéficiaire; mais le progrès incessant de la science la dépasse vite, et son essence étant d'être immuable, ses dogmes d'utiles deviennent nuisibles, et tendent à rabaisser le niveau intellectuel.

La science ne peut rétrograder, et la conviction raisonnée de ses principes, une fois acquise, ne peut plus être ébranlée. Les principes admis, toutes les conséquences vraies en découlent par le raisonnement. A mesure que le désaccord s'accentue entre la science et la religion en vigueur, celle-ci se trouve condamnée à une décadence s'accélérant de plus en plus jusqu'à ce que vienne prendre sa place une religion plus éclairée, mais destinée à disparaître à son tour devant le progrès incessant.

Ces écroulements de croyances enracinées dans des esprits abâtardis par l'asservissement moral ne se font pas sans de profonds ébranlements dans l'ordre intellectuel et matériel, et les ruines s'amoncellent. Il est temps d'en finir avec ces conséquences funestes du principe autoritaire en matière de conscience, et d'en venir à la liberté absolue de celle-ci, assurée par un enseignement basé sur la morale pure et dégagée de toutes formes religieuses. Les progrès de la science font de plus en plus justice des dogmes religieux, vestiges d'un passé laissé depuis longtemps en arrière, et dont l'influence pernicieuse décroît au fur et à mesure que l'instruction se propage. La vraie morale se dégage de ses superfétations, et le jour approche où le règne de la morale indépendante de toute religion sera universel.

En l'état actuel des choses, le désaccord, qui va toujours croissant entre la science acquise et la religion, enlève tout prestige à celle-ci, ôte toute action efficace à la partie de morale vraie mêlée aux puérilités du dogme, et ne laisse subsister que l'action funeste produite par l'asservissement de la conscience et de l'intelligence.

Toute forme de religion repose sur le principe autoritaire et est une négation du droit individuel. Elle se fonde sur l'anéantissement de la conscience naturelle qu'elle prétend remplacer par une conscience de convention où la morale cède le pas à des dogmes plus ou moins discutables. Les effets funestes de l'enseignement religieux opèrent en raison de l'ignorance des individus auxquels il s'adresse. La superstition et la pratique des formes puériles abâtardissent l'intelligence, vicient la conscience et faussent la morale.

Tout individu doit être libre de professer la religion à laquelle il croit, mais c'est un attentat au droit que de faire contribuer l'universalité des citoyens aux dépenses de cultes dont les doctrines sont forcément en antagonisme avec les droits de l'individu, et tendent à rabaisser le niveau moral et intellectuel. Chaque Église doit se soutenir au moyen de contributions volontaires. Les consciences convaincues, à tort ou à raison, doivent elles-mêmes souhaiter la séparation de l'État et de l'Église, rendant à celle-ci son entière indépendance et la pleine liberté qui fera justice des doctrines vraies ou fausses, en les épurant.

La plus essentielle de toutes les libertés est celle de la pensée dont découlent les autres. Tout ce qui tend à l'amoindrir est funeste. Tout ce qui tend à la développer est bénéficiaire. Toutes les conventions humaines, religieuses ou politiques, prétendant lui tracer des limites, sont arbitraires.

La faculté de penser est innée à l'homme, mais ne peut atteindre son plein développement que par une éducation rationelle faisant participer l'individu au bénéfice de la science acquise par tous depuis l'origine de l'humanité. La masse de savoir accumulée est déjà immense et aucune individualité ne saurait aspirer à se l'assimiler tout entière. Les différences d'aptitudes physiques et intellectuelles, réagissant les unes sur les autres, entraîneront toujours, à part toutes circonstances accidentelles, une certaine inégalité de savoir, nécessaire d'ailleurs au progrès illimité, par l'émulation et la répartition naturelle du travail intellectuel et physique qu'elle engendre. Mais tout individu peut et doit s'assimiler les éléments principaux de la science, apprendre à coordiner ses idées, et pouvoir baser ses convictions et ses actes sur sa conscien ce éclairée par le raisonnement, et non sur des enseignements d'autrui acceptés aveuglément.

CHAPITRE VIII

INSTRUCTION

L'individu ne vaut réellement que par ce qu'il sait. La complète ignorance ravalerait l'homme au niveau de la brute, au-dessus de laquelle il s'élève à mesure qu'il s'instruit. L'instruction ne consiste d'ailleurs pas tant dans les choses apprises que dans la faculté, qu'on acquiert par l'exercice de l'intelligence, de coordiner les idées, de penser logiquement et de pouvoir distinguer le faux du vrai.

L'éducation actuelle est loin de tendre complétement à ce but. L'enfant reçoit forcément sa première instruction de sa mère qui, comme toutes les femmes en général, n'a reçu qu'une instruction toute superficielle. Son ignorance la rend hors d'état de penser par elle-même. Sa religion le lui défend d'ailleurs, et elle inculque à l'enfant ce précepte d'inertie morale et intellectuelle. Elle le berce avec des contes de fées ou des légendes de saints, et lui fait peur de Croquemitaine. La jeune intelligence de l'enfant est viciée par ce tissu de fables, et perd la saine notion du vrai et du faux. Puis viennent les puérilités de la religion remplaçant la peur de Croquemitaine par celle des flammes de l'enfer. Cette éducation, où le mensonge et la terreur jouent le plus grand rôle, laisse des traces ineffaçables.

L'enfant va ensuite à l'école, et là il y a progrès. On s'adresse à son esprit d'émulation; le mobile n'est plus la peur. Malheureusement, les effets de sa première éducation subsistent, et son intelligence, endormie et faussée, ne profite guère. Il n'y reste, d'ailleurs, que le temps nécessaire pour recevoir une instruction trop incomplète pour lui être de grande utilité, et il en sort, sans principes arrêtés, confondant, dans une même croyance aveugle, ou dans une même incrédulité irraisonnée, le faux et le vrai qui lui ont été alternativement enseignés.

Dans tous les cas, son instruction est insuffisante pour le mettre en état de raisonner juste. Des choses, même le concernant directement, il ne perçoit que le côté immédiat, et les résultats postérieurs lui sont cachés par son ignorance. Sa conscience, non éclairée, se fausse facilement sous l'influence de ses intérêts mal compris et de ses passions qu'il ne sait réprimer. Il flotte indécis, dominé par les impulsions étrangères contre lesquelles il se trouve désarmé, et est à la merci de quiconque sait flatter ses instincts bons ou mauvais, et exploiter son aspiration au bien-être ou sa misère.

Si, par exception, la fortune de ses parents le permet, l'enfant va au collége. Les trois quarts de son temps y sont consacrés à l'étude de deux langues mortes, dont la connaissance ne peut guère lui rendre de services réels. Cependant, on lui enseigne aussi des choses plus utiles. Malheureusement, l'histoire vient lui inculquer la glorification des tueurs d'hommes et le culte de la force. Il en sort avec l'admiration des républiques antiques fondées sur l'esclavage et la violence, et des héros modernes illustrés par l'amoncellement de cadavres qu'ils ont laissé derrière eux.

Au sortir du collége, le jeune homme entre dans l'administration , l'armée, etc. , ou dans le commerce, l'industrie, etc. Partout il trouve régnant le principe autoritaire et ses conséquences, les monopoles et priviléges de tous genres. S'il reste indépendant par sa position, l'atmosphère d'autorité qui l'entoure n'en réagit pas moins sur lui, et il accepte généralement, sans examen, la nécessité de l'existence de toutes les entraves, religieuses, politiques, économiques, qui faussent le droit et engendrent l'ignorance et la misère.

Les partis politiques sont, en général, des coteries qui n'admettent rien en dehors de leur credo, auquel leurs journaux se conforment. Ce n'est pas que les intentions ne soient souvent bonnes, mais, par suite de l'influence persistante de l'éducation vicieuse, il s'est introduit une singulière confusion dans les esprits. Les opinions sont le plus souvent un mélange irrationnel de principes d'autorité et de liberté.

Les sentiments dominants, dus à ces vices de l'éducation, sont la vanité et la peur. La vanité, quoiqu'elle règne souverainement sur les femmes, n'est pas leur vice exclusif. Elle anime aussi le prêtre sous sa soutane, prétendant incarner la divinité en lui; le magistrat sous sa robe, prétendant représenter la justice infaillible; le soldat sous son uniforme, prétendant à la possession exclusive de la vaillance. Elle existe chez tous à un degré plus ou moins fort, et ses effets sont toujours délétères. Elle rapetisse l'esprit et engendre la présomption et le mépris des autres, l'envie et la haine. La vanité est à la base de

tout esprit de servilité qui, pour quelques hochets
puérils ou quelques vaines prérogatives, sacrifie son
droit aussi bien que celui de ses concitoyens, et qui,
dans l'asservissement des autres, perd le sentiment.
de son propre avilissement.

La peur est le sentiment le plus dégradant. Elle
engendre l'hypocrisie et le mensonge. Parfois elle
rend féroce et se cache alors derrière la violence.
Que ce soit la peur du diable ou des hommes, elle
est à la source de tous les excès et de tous les abus
de la force, qu'elle provoque et qu'elle absout.

L'instruction doit faire disparaître ces sentiments
malsains issus de l'ignorance, et les remplacer par
le respect du droit et de la justice et par la répulsion pour tout ce qui les viole. L'instruction doit
moraliser en même temps qu'éclairer. Le meurtre,
surtout, doit être flétri énergiquement, quels que
soient le nombre et la qualité des victimes.

En principe, l'enseignement devrait être entièrement libre et sans immixtion aucune de l'État.
Transitoirement, et tant que la nécessité en exis-
tera, la société doit suppléer à l'insuffisance de
l'action individuelle à ce sujet. L'instruction doit
être gratuite, à tous les degrés, pour les deux sexes.
Non-seulement c'est le devoir de la société, mais
encore son intérêt évident. L'ignorance engendre
le crime et l'école supprime la prison.

L'instruction doit être obligatoire pour l'enfant
jusqu'à l'époque où il peut être supposé en jouissance d'une intelligence assez développée pour être
abandonné à son libre arbitre. On prétend que cette
obligation blesse le droit du père. Il ne serait peut-
être pas très-logique d'accorder au père le droit

d'imposer l'ignorance à son enfant, et de refuser à la société le droit de lui imposer l'instruction ; mais la question n'est pas là. Il ne s'agit pas des droits respectifs du père et de la société, mais bien du droit individuel de l'enfant lui-même que la société doit protéger, même contre ses parents. L'enfant, quel que soit son âge, a droit à la même protection que l'homme fait ou le vieillard, et son droit à l'instruction doit être respecté de tous.

Chaque commune doit avoir son instituteur et son institutrice, nommés par le conseil municipal sur brevets de capacité, et payés par la commune, sauf secours du canton, du département et de l'Etat, au cas où les ressources communales seraient insuffisantes.

L'enseignement primaire doit être commun pour les deux sexes. Leur rapprochement en classe ne peut avoir, à cet âge, que des avantages ; une certaine séparation serait d'ailleurs toujours possible. L'institutrice pourrait, outre l'enseignement spécial aux femmes, être chargée, de préférence, des enfants en bas âge. L'instruction primaire, trop succincte actuellement, devrait être élargie, et un minimum fixé.

Il serait à désirer que les petites dépenses de papiers, livres, etc., fussent allouées par la commune à l'école, pour les enfants dont les familles sont reconnues hors d'état d'y subvenir.

Toute commune doit avoir sa bibliothèque.

Les cours d'adultes doivent être encouragés.

Il serait désirable qu'il pût être fondé à chaque

chef-lieu de canton une école d'enseignement secon
daire pour les garçons et les filles. Chaque chef-lieu
de département doit posséder une institution d'enseignement supérieur pour les deux sexes. On ne
saurait trop multiplier les écoles pratiques de toutes
sortes.

Quatre ou cinq heures d'études par jour suffisent
pour des enfants. Un travail intellectuel plus long
ne peut offrir que des inconvénients.

La gymnastique doit faire partie de l'enseignement des deux sexes. Le physique et le moral réagissent l'un sur l'autre.

Les dépenses consacrées à l'instruction sont des
dépenses reproductives au suprême degré. Le savoir
multiplie la valeur de l'individu. On peut jeter là des
millions avec la certitude qu'ils fructifieront. Un
culte payé par l'État étant incompatible avec le plein
exercice du droit individuel, les dépenses des cultes
pourraient être reportées à l'instruction.

A côté de l'enseignement par l'État, l'enseignement libre, qui est le strict droit, doit pouvoir fonctionner sans entraves. La concurrence ne peut avoir
que de bons résultats, en créant une émulation pro-
fitable pour tous.

Des concours doivent avoir lieu annuellement, de
communes à communes, de cantons à cantons, de
départements à départements. Outre les prix aux
élèves, il devrait être distribué des récompenses ho-
norifiques aux membres méritants du corps enseignant, qu'ils appartinsent à l'enseignement public
ou privé.

Sans aborder sérieusement la question des matières enseignées, nous dirons que, dans notre opinion, ne doivent entrer dans l'enseignement général que celles qui ont un intérêt général. Telles sont, la langue française, les droits et les devoirs de l'individu, les éléments des sciences morales et physiques, l'histoire, la géographie, etc. Les belles-lettres comprenant l'étude des langues mortes et vivantes, les arts, les sciences appliquées, etc., sont des matières d'enseignement spécial.

CHAPITRE IX

LA FAMILLE

A l'origine de la famille, le principe autoritaire
règne souverainement : le droit du plus fort. Le père
est le maître absolu ; l'individualité de la femme et
de l'enfant n'existe pas légalement. Peu à peu leur
droit est reconnu en partie : le père perd le droit de
vie et de mort sur les siens, et des limites sont po-
sées aux mauvais traitements qu'il peut leur faire
subir.

La famille, telle qu'elle est constituée en France,
est le résultat de l'association volontaire de deux
individus de sexe différent. Légalement, le mari est
le chef de l'association. La femme et l'enfant, quoiqu'ayant une existence sociale parfaitement recon-
nue, sont sujets à son autorité, sauf abus. D'un
autre côté, le père a le devoir de subvenir aux besoins matériels et moraux de sa famille. Malheureusement l'autorité du père, qui devrait reposer
sur des bases toutes morales, est trop souvent fondée
sur la violence, et la soumission, chez la femme
comme chez l'enfant, provient autant de la crainte
que de l'affection.

En dehors de la famille légale, les unions libres sont
nombreuses, et, quoiqu'elles soient principalement

confinées aux classes nécessiteuses et conséquem-
ment ignorantes, leurs résultats n'ont rien qui doive
alarmer. Les actes de violence et l'abandon de
la famille n'y sont pas plus fréquents que dans les
unions sanctionnées par la société qui, d'ailleurs,
n'a guère plus d'action réelle dans un cas que dans
l'autre.

L'affection naturelle de l'homme pour sa com-
pagne et sa progéniture est un sentiment tout-puis-
sant auquel vient s'ajouter le poids des habitudes
prises. Il est douteux que l'idée d'obligation, à peu
près illusoire en fait, puisse donner plus de force
au lien de la famille qu'elle tendrait plutôt à rendre
haïssable. Le développement du sens moral par
l'instruction contribuera tout autrement à assurer
l'indissolubilité effective du mariage. L'union libre
a ses abus, sans doute, mais l'union forcée en présente aussi. Elle engendre trop souvent l'adultère et
les haines domestiques dont la séparation toujours
facultative préviendrait, en grande partie, les conséquences funestes.

Si, cependant, la société continue à croire utile
de réglementer le mariage en le sanctionnant, il
faut qu'elle fasse disparaître toutes entraves. Elle
doit rétablir le divorce, et toutes les formalités doivent être gratuites dans un sens comme dans l'autre. Nous sommes, en ceci comme en tout, en faveur
du plein exercice du droit individuel et de l'absence
de toute réglementation. La moralisation, toujours
croissante, ira supprimant tous les inconvénients
que peut encore offrir l'union libre qui n'a, d'ailleurs,
d'autre entrave que celle qui provient des mœurs
reçues.

L'union libre a un autre avantage ; elle tranche la question d'hérédité, en laissant à chacun la libre disposition des fruits de son travail. La Société viole le droit, en imposant le partage entre tous, aussi bien qu'en imposant le droit d'aînesse. Cette immixtion arbitraire de la Société, qu'il est si facile de rendre illusoire, tend par ses effets à relâcher les liens de la famille, et à y introduire des germes d'antagonismes d'intérêts, et des sentiments contre nature. Cependant, en l'absence de dispositions contraires, le partage égal entre tous les enfants est de droit naturel, les probabilités de transmission étant en sa faveur.

DROITS DES FEMMES. — La femme, dans le mariage, voit une partie de ses droits absorbée par le mari ; c'est là une violation de son droit individuel à laquelle la société doit remédier, mais le véritable remède consiste, selon nous, dans l'union libre où les droits de l'homme et de la femme restent individuels.

La femme est entièrement privée de la jouissance des droits politiques. L'ignorance relative, dans laquelle elle est restée jusqu'ici, excuse en partie cette privation, mais la femme n'en a pas moins le même droit absolu que l'homme. Cependant, en l'état actuel des mœurs et en raison de son infériorité intellectuelle à l'homme, en général, nous ne croyons pas désirable la pratique immédiate de ce droit dont elle est d'ailleurs appelée à jouir dans un temps probablement très rapproché. Elle doit d'abord être rendue apte à le pratiquer, par une instruction égale à celle de l'homme, quoique différant nécessairement dans les applications, lui assurant son affran-

chissement moral et intellectuel, et lui donnant
une initiative dont elle est entièrement dépourvue
maintenant. L'asservissement, dans lequel on maintient la moitié du genre humain, non-seulement
tend à la dégrader, mais encore rejaillit forcément
sur l'autre moitié. L'homme et la femme sont solidaires l'un de l'autre moralement et physiquement.
La femme esclave fait l'homme esclave, la femme
libre fait l'homme libre.

DE L'ENFANT. — La mère doit nourrir son enfant :
c'est son devoir le plus sacré. La mise en nourrice,
quel que soit le prétexte, sauf le cas d'impossibilité
physique, est presqu'un assassinat moral de l'enfant
que la nature punit souvent chez la mère. Dans certains cas, on a constaté jusqu'à neuf décès sur dix
parmi les enfants ainsi sevrés des soins de leur mère.
En tous cas, les probabilités de mort augmentent
par la mise en nourrice qui peut être considérée,
jusqu'à un certain point, comme un infanticide, le
crime peut-être le plus exécrable en ce qu'il est le
plus contraire à la nature. Chez les classes peu for-
tunées, l'ignorance et l'absence de sens moral qui
en est la conséquence, ainsi que trop souvent la nécessité, peuvent passer pour circonstances atté-
nuantes, mais il n'y a aucune excuse à faire valoir
pour les classes aisées, et comparativement instrui-
tes, qui se rendent coupables de ce crime. L'opinion
publique, éclairée, doit flétrir les mères coupables
et faire cesser ces attentats à la nature.

L'enfant en bas âge est sous la dépendance complète des parents ; il n'en a pas moins son individualité propre, et la société a le devoir de le protéger au besoin contre les mauvais traitements et les

abus de toutes sortes; mais cette intervention de la société est à peu près illusoire en fait. Le principe autoritaire a laissé de profondes traces dans la famille. En vertu de stupides préjugés qui ravalent l'enfant au niveau de la brute, la menace et les châtiments corporels sont trop souvent les moyens d'éducation employés, même par des personnes qui, quoique douées d'une certaine intelligence, n'ont pas assez d'initiative dans l'esprit pour oser discuter sérieusement en elles-mêmes les préjugés reçus.

L'enfant, dès son plus jeune âge, jouit d'une certaine dose d'intelligence qui va se développant au fur et à mesure de l'instruction qu'il reçoit et de l'expérience qu'il acquiert. L'affection, provenant de la reconnaissance des services reçus, et ensuite l'esprit d'émulation, facile à éveiller, sont des mobiles suffisamment puissants. La crainte et les coups ne peuvent provoquer chez lui que la haine et la révolte, et, pour s'y dérober, il a inévitablement recours à l'hypocrisie et au mensonge. Ces funestes effets peuvent être atténués plus tard, mais il en reste toujours quelques traces.

En vertu de son droit individuel, l'enfant a droit à l'instruction gratuite aussitôt qu'il a atteint l'âge convenable, et les parents doivent respecter l'exercice de ce droit. Lorsqu'il a acquis un minimum d'instruction, il peut se livrer au travail, mais la société puise, dans son devoir de le protéger contre les abus possibles des parents, la faculté de fixer un minimum d'âge pour le travail dans les fabriques, etc.

CHAPITRE X

CÉLIBAT ET PROSTITUTION

Le célibat est contre nature et la société viole le droit en l'imposant à quelques-uns de ses membres. Le chiffre des individus des deux sexes étant à peu près égal en France, l'obligation du célibat imposé à un certain nombre d'hommes, soit par leur profession, soit par leur manque de ressources, entraîne forcément le célibat pour un nombre correspondant de femmes. D'une part, le produit du travail de celles-ci est généralement insuffisant pour assurer leur existence, et le besoin les livre à la protitution; d'autre part, les hommes astreints au célibat alimentent forcément cette prostitution qui devient une nécessité sociale. Quelques femmes s'y soustraient, soit par des moyens suffisants d'existence, soit en entrant dans les couvents; mais, même en ce cas, l'avantage pour la société n'est que négatif.

Il n'est pas probable qu'on puisse arriver de sitôt à la suppression radicale de la prostitution, cette lèpre honteuse de la société, mais il est facile d'arriver à la restreindre de plus en plus. Il faut, en premier lieu, l'attaquer dans le célibat, nuisible à tous les titres.

Quant aux individus célibataires par force ,comme les soldats, etc., la société a le pouvoir et le devoir de supprimer entièrement cette source du célibat par la transformation de l'armée, etc. Elle doit proclamer la séparation de l'Église et de l'État, et cesser d'encourager en le salariant le célibat imposé au clergé.

Quant aux individus auxquels le manque de ressources interdit le mariage, la société ne peut agir directement, mais, en supprimant toutes les entraves dans l'ordre économique, elle arrivera nécessairement, dans un temps donné, à mettre tous les citoyens, sans exception, en état de pouvoir suffire aux charges de la famille. Une répartition plus équitable, au profit des femmes, de tous les emplois auxquels elles sont ou pourraient être rendues aptes, tels que les emplois sédentaires en général, dans les postes, les télégraphes, les bureaux, etc., contribuerait puissamment à tarir cette source du célibat. Nombre de professions exercées actuellement par les hommes sont plutôt du ressort des femmes, mais les mœurs seules peuvent agir à ce sujet. Peut-être vaudrait-il mieux, en règle générale, que la femme s'occupât dans l'intérieur du ménage; pour cela il faudrait que le produit du travail du mari fût assez élevé pour suffire seul aux dépenses du ménage. Malheureusement, il est loin d'en être toujours ainsi.

Mais de tous les moyens à employer contre la prostitution, le plus efficace est la moralisation des femmes par l'instruction qui leur facilite, d'autre part, des moyens d'existence. Cette instruction doit être virile et tendre à relever la dignité de la femme et à lui donner le respect de soi-même.

Le pouvoir discrétionnaire, que la société accorde à la police sur les malheureuses vouées à la prostitution, est une honteuse violation du droit, et ne peut aboutir qu'à leur démoralisation plus profonde.

CHAPITRE XI

LIBERTÉS ÉCONOMIQUES

Tout individu aspire au bien-être. Cette aspiration est la principale source du travail dont le produit, sous toutes ses formes, procure le bien-être. Le droit individuel est le principe en économie, comme en tout, et tout ce qui y porte atteinte a des conséquences funestes. Les réglementations sur le travail et son produit la propriété de tout genre, sur l'agriculture, l'industrie et le commerce; les douanes, les octrois, les impôts sous leur forme actuelle; les monopoles et priviléges de toute sorte, émanent du principe autoritaire, vicient la production, faussent la répartition et restreignent la consommation au détriment de tous.

Tout individu a le droit absolu de disposer de son travail et du produit de ce travail, comme il l'entend, en respectant le droit égal des autres. La pleine liberté économique assure le fonctionnement régulier des lois naturelles régissant la production et la consommation dont le développement se trouve entravé par toute restriction, toute réglementation, tout privilége, causant forcément un préjudice pour tous et tendant à diminuer la somme de bien-être

général et à amener la misère pour quelques-
uns.

L'humanité entière est solidaire. De même que
toute perte individuelle l'atteint, tout gain individuel lui profite. Toute violation de la liberté du travail et de ses produits se fait sentir universellement,
quoique ses effets soient plus immédiats dans le
cercle restreint où elle se produit.

L'initiative individuelle et sa conséquence la concurrence sont la source de tout progrès économique. Mais, pour qu'elles puissent se développer bé-
néficiairement, il faut que toute restriction dispa-
raisse, que la concurrence soit absolument libre, de
capitaux à capitaux, de crédit à crédit, de travail à
travail, sans qu'aucun privilége ou monopole, œuvre de la collectivité, vienne la fausser et rendre
ses effets nuisibles par les inégalités qu'il crée, à l'a-
vantage des uns, au préjudice des autres et au détriment général.

L'association, sous toutes ses formes, multiplie la
puissance de l'individu et est nécessaire au progrès,
mais à la condition que cette association n'absorbe
pas les individualités, qu'elle émane de leur libre
volonté et qu'elle respecte d'une manière absolue
l'exercice des droits individuels des autres. Toute
entrave, toute réglementation, tout privilége, fausse
le principe de l'association et tend à la rendre infé-
conde et nuisible.

Toute prétendue organisation du travail et de ses
produits, toute association reposant sur la con-
trainte, est un attentat au droit individuel. Le communisme absolu est le retour à l'état de barbarie,
et n'a pas d'adeptes réels. Le communisme mitigé,
quel que soit le nom qu'il prenne, est une organisa-

tion plus ou moins plausible de la famille, de la
commune, de l'État, mais toujours fondée sur le
principe autoritaire, l'absorption de l'individualité
par la collectivité. Le principe vrai est au contraire
l'amoindrissement constant de l'action collective devant faire place à l'action individuelle fonctionnant
en pleine liberté, toute association étant strictement
volontaire et limitée en durée et étendue.

La somme, toujours croissante, des produits antérieurs et des produits présents du travail serait plus
que suffisante pour assurer le bien-être à chacun,
moyennant un travail modéré, si la production était
entièrement libre, si la répartition n'était pas faussée dans son application, et si la consommation
était débarrassée de tout ce qui la restreint. Il y
aura sans doute toujours des inégalités de fortune,
puisqu'il y a des inégalités de puissance intellectuelle et physique, de même qu'il y a des inégalités
de besoins, mais la suppression de toute entrave et
de tout privilége, la diffusion de l'instruction, l'abondance des capitaux et du crédit, l'emploi de plus en
plus usité des machines et des forces naturelles, auront pour résultat de niveler les différences et de
donner une certaine aisance à tous. Ces inégalités
ont d'ailleurs un effet utile ; celui d'entretenir
l'émulation et une répartition naturelle du travail
dans toutes ses branches, selon les aptitudes individuelles.

La constitution de la propriété est en voie de
transformation par le jeu de l'association qui opère
peu à peu une véritable révolution économique. Les
chemins de fer, certaines entreprises industrielles,
etc., comptent par milliers leurs intéressés. Les ré-

sultats de cette transformation sont complexes.

En premier lieu, dégagée des monopoles et priviléges qui vicient encore son principe et rendent son action quelquefois funeste, et des réglementations qui arrêtent son essor, l'association des capitaux, ainsi démocratisée, tend à solidariser et à universaliser tous les intérêts.

Elle tend aussi à augmenter, dans des proportions énormes, la richesse publique, d'une part, en permettant l'utilisation de tout le capital disponible par les facilités d'emploi qu'elle lui donne, et d'autre part, en multipliant ce même capital par sa circulation illimitée.

Sa sphère d'action finira par englober tous les genres de propriété-outil, même la terre dont elle décuplera la fécondité, en appliquant l'intelligence à la culture abandonnée jusqu'ici en grande partie à la routine ignorante et en y jetant des capitaux illimités (en tant que rémunérateurs).

L'association, dans son enfance, a présenté des abus et en présente encore. Nombre de faiseurs ont su exploiter la crédulité publique et se sont enrichis aux dépens de leur dupes. Ces abus ne peuvent être évités par des réglementations dont les fripons sauront toujours se faire des armes contre les honnêtes gens, mais bien par l'éducation du public apprenant à ne compter que sur lui-même pour contrôler les actes de ses mandataires. Malgré ces abus partiels, les avantages de l'association ne peuvent être mis en doute au point de vue de la rémunération des capitaux, ainsi que de la puissance de production.

Au point de vue strict du travailleur, l'abondance de capitaux, provoquée par l'association, entraînera forcément une élévation de la valeur relative du travail, en même temps que, comme consommateur, il jouira du bénéfice de l'économie réalisée dans les frais accessoires de la production. D'un autre côté, il se trouvera, pour débattre son salaire, en face de mandataires et non d'un patron en opposition directe d'intérêts avec lui. Il est vrai qu'il ne pourra plus aspirer à devenir patron, à force d'épargnes, mais rien ne l'empêchera de devenir co-intéressé.

La petite industrie, le petit commerce, etc., sont inévitablement appelés à succomber devant les compagnies puissantes par l'association, ce qui tendra au nivellement des classes, en rendant à la production nombre d'intermédiaires superflus, au profit de la masse des consommateurs et producteurs.

Au point de vue individualiste, l'association, d'un côté, profite à l'initiative individuelle qu'elle met en état d'entreprendre des travaux réservés jadis aux seules collectivités, et enlève à celles-ci leur principale raison d'être; d'un autre côté, elle individualise, tout en la mutualisant, la propriété qui, sous sa forme au porteur, toujours échangeable et transmissible à volonté, échappe en grande partie aux réglementations oppressives de la collectivité.

Cette transformation, s'opérant progressivement, ne laissera pas que d'entraîner des déplacements d'intérêts et des désastres partiels. C'est là une nécessité fâcheuse, mais inévitable, et tous les expédients qu'on pourrait employer, pour prolonger l'existence de ce qui est en contradiction avec la marche des choses, n'aboutiraient qu'à prolonger les souffrances sans les atténuer. Le résultat final de cet œuvre de transformation sera l'association universalisée, mais subordonnée à l'action individuelle toujours maîtresse de disposer d'elle-même à son gré, et jouissant à volonté des avantages de la collectivité, sans avoir à abdiquer son initiative. Il est clair d'ailleurs que l'association a ses limites tracées par la nature des choses, dont partie se dérobe absolument à son action et reste forcément individuelle.

CHAPITRE XII

CONSOMMATION. — PRODUCTION. — RÉPARTITION

CONSOMMATION. — Le bien-être ne consiste pas dans l'apathie brutale et égoïste de l'intelligence et des sens, et l'absence de désirs et de besoins. Au contraire, plus l'individu s'élève intellectuellement et matériellement, et plus s'étend le cercle de ses aspirations et de ses jouissances.

Tout individu étant avant tout consommateur, l'intérêt général veut que tout ce qui se consomme, sous une forme ou sous une autre, puisse s'obtenir avec le moins de travail possible, ou sa représentation. Tout ce qui tend à élever artificiellement le prix de revient d'un produit quelconque est une violation du droit économique, sacrifiant l'intérêt général à un intérêt particulier mal entendu.

Bien-être et richesse ne sont pas synonymes, bien que l'un tende à produire l'autre. Le bien-être le plus complet répond à la plus grande consommation, et la richesse provient de l'accumulation du surplus de la production sur la consommation.

La consommation ou le bien-être se développe en raison du bon marché qui s'obtient à son tour par la production abondante et la répartition libre de tous obstacles. La consommation des choses servant à l'alimentation a une certaine limite, qui, du reste, est loin d'être atteinte encore; mais, en dehors de ces choses, la consommation est et sera toujours à peu près illimitée, les désirs et les besoins s'étendant avec les facilités de les satisfaire.

L'accroissement de la consommation est incessant, et une augmentation proportionnelle de la production lui correspond nécessairement. Tous les impôts frappés sur la consommation, tels que droits de douane, octrois, impôts indirects, tout privilége donné à son détriment à une industrie quelconque, sont aussi absurdes que funestes dans leurs conséquences, puisqu'ils la restreignent et diminuent la somme de bien-être. Ils sont encore plus iniques quand ils portent sur les choses nécessaires à la subsistance, atteignant ainsi principalement les classes pauvres et engendrant la misère.

Toute immixtion de la collectivité dans la consommation ne peut que lui nuire. Elle doit être laissée à son développement naturel.

PRODUCTION. — La consommation et la production réagissent l'une sur l'autre. La production abondante engendre le bien-être par les facilités données à la consommation et la richesse par l'accumulation du surplus des produits, mais à la condition que la production garde un certain équilibre avec la consommation, et qu'elle ne viole pas les lois naturelles.

Chaque individu, chaque collectivité, en raison de ses facultés propres, a ses produits naturellement indiqués. Chaque zone terrestre, chaque pièce de terre a ses cultures naturelles. Chaque industrie a son emplacement nettement indiqué par sa proximité des matières premières, ses facilités de débouchés, les aptitudes individuelles, l'abondance des capitaux, etc.

Toute production forcée arbitrairement, en contradiction avec les lois économiques, et soutenue artificiellement par des monopoles, des priviléges, des droits protecteurs, surcharge le prix de revient, fausse la répartition, restreint la consommation et lèse l'intérêt général. Elle n'a d'ailleurs qu'une vie précaire, est une source de crises et engendre directement et indirectement la gêne et la misère. La suppression de ces productions irrationnelles entraînera, sans doute, un malaise d'ailleurs passager et restreint, mais fera disparaître une cause permanente de souffrances.

Toute production, qui ne tend pas à augmenter la masse de bien-être ou de richesse, est inutile et même souvent nuisible, lorsque, comme pour tout ce qui se rapporte à la guerre, par exemple, non-seulement elle représente une perte de travail, mais constitue aussi un dommage permanent pour l'humanité.

La production des choses utiles peut être localement surabondante et amener un avilissement des prix. Le remède consiste, d'une part, dans la suppression de tout privilége encourageant cet excès de production, et d'autre part, dans le bas prix des transports, et la liberté complète des échanges ouvrant tous les marchés et permettant ainsi une répartition rationnelle des produits. La loi de l'offre et de la demande, fonctionnant sans restrictions, suffira à niveler universellement la production et la consommation.

La production doit avoir pour objectif le prix de revient le plus réduit possible. C'est ce qui s'obtient par l'association du travail, de l'intelligence, des capitaux, du crédit ; la division rationnelle du travail, l'emploi des outils et machines, ainsi que des forces naturelles, d'une part ; et de l'autre, par le bas prix des transports et la pleine liberté des transactions permettant de choisir le milieu le plus favorable pour chaque production.

Tout doit être laissé à l'initiative individuelle qui, lorsqu'elle n'aura plus à réagir contre les mesures restrictives et oppressives émanant de la collectivité, saura bien arriver promptement, par l'effet de la concurrence légitime et dégagée de tous les priviléges et monopoles qui la faussent, à équilibrer rationnellement la production et la consommation dans toutes leurs branches. Toute immixtion de la collectivité est aussi radicalement funeste dans la production que dans la consommation.

RÉPARTITION. — Entre la production et la consommation, vient se placer la répartition. L'échange, pur et simple, entre le producteur et le consommateur, serait évidemment la solution la plus économique ; mais il est bien rarement applicable. En général, le producteur ne peut et ne pourra jamais traiter directement avec le consommateur, et lui porter lui-même son produit. Il a intérêt à réserver tout son temps à la production, et à employer des intermédiaires pour la répartition.

La répartition peut se diviser en deux branches principales : le commerce ou l'échange, et les transports.

Commerce. — Aucun produit n'a de valeur abso-

lue ; il n'a que celle que lui donne l'échange. Cette
valeur varie nécessairement, suivant les lieux et les
époques, mais les lois naturelles de l'offre et de la
demande, pouvant s'exercer sans entrave, restrein-
dront ces variations, toujours nuisibles au point de
vue général, dans d'étroites limites.

L'échange légitime doit reposer sur un profit
mutuel. Ce profit sera ramené à son juste taux par
l'application absolue de la liberté des échanges faisant prendre aux prix leur niveau naturel.

Le commerce est le plus puissant véhicule du progrès. Par les bénéfices qu'il répand, par l'augmentation de bien-être qu'il apporte, par les commu-
nautés d'intérêts qu'il impose, par l'influence des
relations qu'il crée entre tous, il fait disparaître
l'esprit d'antagonisme faisant place à celui de la
concorde basé sur la mutualité des services et la
solidarité universelle des intérêts moraux et matériels.

Ces résultats, qui se produisent partout, émanent
de l'initiative individuelle luttant énergiquement
contre les masses d'entraves imposées par toutes les
collectivités. Le jour où toutes ces entraves auront
disparu, et où l'initiative individuelle pourra fonctionner en pleine liberté, le problème de la répartition au meilleur marché possible sera résolu.

Les monopoles de banques et de sociétés de crédit, les patentes, les brevets, les charges de courtiers, etc.; les priviléges de toute sorte, les douanes,
les octrois, etc., faussent l'échange, entravent la répartition, surchargent le prix de revient et lèsent la
production et la consommation.

Ils tendent aussi à augmenter démesurément le
nombre des intermédiaires, en élevant arbitraire-

ment leur rémunération, aux dépens du producteur et du consommateur, et faussent la concurrence, qui devient une source de ruines. La collectivité doit se désintéresser complétement du commerce, cesser de vouloir le règlementer, supprimer les barrières qu'elle lui oppose, et laisser faire, sans entrave ni privilége, l'initiative individuelle.

Transports. — Les transports se font par terre et par eau, par navires, chemins de fer, voitures, bêtes de somme, portefaix, etc. Les droits différentiels, les droits de ports, les monopoles de chemins de fer et de voitures, les corporations de porteurs, etc., entravent les transports et faussent la répartition.

La collectivité peut et doit exercer une action légitime et bénéficiaire sur les transports par la création et l'entretien des ports, des canaux, des routes, des ponts, etc.; par les services de la poste, du télégraphe, des chemins de fer; mais à la condition qu'elle rende ces services gratuitement, ou du moins, et transitoirement, à prix de revient, que tout individu soit reçu à en tirer les mèmes avantages, et qu'elle n'en constitue pas des monopoles entravant l'action de l'initiative individuelle.

La navigation sur les rivières, les canaux, dans les ports, doit être entièrement gratuite. De même pour la circulation sur les routes, les ponts, etc. Les services de la poste, du télégraphe, des chemins de fer doivent en principe être gratuits, puisqu'ils sont, comme tout ce qui ressort légitimement de la collectivité, d'intérêt général, l'universalité des consommateurs en bénéficiant, mais, comme transition, ils doivent être ramenés au prix de revient.

Avec une taxe unique de 5 centimes par lettre, et

10 centimes par télégramme, les services de la poste
et du télégraphe se suffiraient, en tenant compte de
l'accroissement énorme de la correspondance qu'a-
mèneraient ces réductions.

Pour les chemins de fer, la question est plus complexe. Le monopole des compagnies actuelles est un
attentat au droit, et un dommage permanent pour
la société. Le rachat par l'Etat est la seule solution
possible. La collectivité doit prendre à son compte,
ou affermer l'exploitation; l'Etat, pour les lignes
d'intérêt général; les départements ou cantons, pour
les lignes d'intérêt départemental ou cantonal. Les
tarifs, ramenés à leurs prix de revient qui, en tenant
compte de l'impulsion donnée à la circulation par le
bon marché, ne dépasseraient pas en moyenne le tiers
ou le quart des prix actuels, pourraient être établis
par zones, sur une échelle décroissant en raison des
distances. .

Il est irrationel de considérer les transports comme matière à revenu. Toute taxe qui les grève tend
à diminuer la richesse publique dont le développement est assuré par les transports à bon marché faisant régner partout l'abondance. A chaque diminution de prix dans les transports, correspond un accroissement de bien-être et de richesse.

Tout monopole, même celui de la collectivité, doit
disparaître en matière de transport. La concurrence
doit pouvoir s'exercer librement, sans autres restrictions que celles qu'impose le soin de la sécurité publique, et sauf droit de rachat lorsque l'intérêt collectif l'exige indispensablement.

CHAPITRE XIII

TRAVAIL — PROPRIÉTÉ — CAPITAL — CRÉDIT

TRAVAIL. — Le travail est la loi de l'humanité. Il est nécessaire au développement des facultés physiques et intellectuelles. L'aspiration naturelle de tout individu au bien-être est toute-puissante et suffirait, par elle seule, à lui imposer la nécessité du travail, à la condition que la rémunération de son travail soit suffisante, et qu'il puisse en jouir et en disposer librement.

Plus l'homme progresse et plus il travaille, mais son intelligence, qui va se développant, sait lui rendre le travail de moins en moins pénible, en même temps qu'il devient plus productif par l'emploi de forces auxiliaires, de machines, d'outils perfectionnés qui suppriment de plus en plus la partie physique et rebutante du travail.

Le travail est de tous genres, intellectuel ou manuel, et souvent l'un et l'autre à la fois. Celui de l'intermédiaire, tel que le banquier, le commerçant, le marin, l'employé de chemin de fer, le voiturier, le portefaix, est aussi utile que celui du producteur de la matière première, cultivateur, mineur, etc., ou que celui de l'ouvrier qui transforme cette matière.

Le travail du savant, de l'écrivain, de l'instituteur, du juge, de l'administrateur, etc., n'est pas moins utile.

La rémunération du travail, de quelqu'espèce qu'il soit, doit, en général, être mesurée au degré d'intelligence qu'il exige, quand il s'applique à un but utile. L'individu totalement dépourvu d'intelligence est incapable de produire. Le simple manouvrier, dont la profession n'exige qu'une somme de connaissances très minime, a droit à un moindre salaire que l'ouvrier d'état, dont le savoir représente un certain travail antérieur semi-manuel et semi-intellectuel. La rémunération de celui-ci doit être inférieure à celle de l'ingénieur, dont la science représente un travail intellectuel antérieur beaucoup plus considérable. Ces inégalités de salaires sont conformes au droit qui se formule par « *à chacun selon ses œuvres.* » Leur effet est bénéficiaire. Elles entretiennent l'émulation et tendent au progrès général. Mais ces inégalités doivent se renfermer dans de certaines limites, et le salaire le moins élevé doit assurer un bien-être suffisant. D'un autre côté, l'instruction doit être mise à la portée de tout individu, afin qu'il puisse développer son intelligence et aller améliorant indéfiniment sa position.

Le travail purement manuel est appelé à disparaître presqu'entièrement. Les machines et les forces naturelles seront chargées de la partie physique de la besogne, et le travailleur n'aura plus qu'à les diriger. Il en résultera un avantage entr'autres, c'est que l'ouvrier ne sera plus enchaîné à un métier lui ayant coûté de longues et pénibles années d'apprentissage, et qu'il pourra, avec une connaissance élémentaire des lois de la mécanique, varier son industrie selon les avantages qu'il y trouvera. La conséquence sera que les salaires tendront à se niveler universellement.

Dans l'enfance des sociétés, chacun se suffit à soi-même, en vivant au milieu des privations. A mesure que la société progresse, le travail se divise de plus en plus, assurant le produit à bon marché, ainsi qu'une rémunération plus élevée au travailleur rendu plus expert par sa dédication exclusive à une branche du travail, et crée ainsi la solidarité par la nécessité de la mutualité des services. Mais ce qui contribue le plus à la production économique et à la rémunération élevée du travailleur, c'est l'association du travail avec le capital et le crédit qui multiplient sa puissance par les outils perfectionnés, les machines et les forces naturelles qu'ils mettent à sa disposition.

Le taux de la rémunération de tout travail, intellectuel ou manuel, est fixé par les aptitudes intellectuelles et physiques du travailleur, et par les lois de l'offre et de la demande. Ce taux serait universellement suffisant sans les entraves et les priviléges qui lèsent le grand nombre au profit du petit nombre.

Cette rémunération peut avoir lieu, moyennant un salaire fixe, ainsi qu'il en est pour les emplois de l'État et pour la presque totalité des emplois privés. Le salaire à la tâche est plus équitable et moins assujétissant, mais il n'est pas toujours applicable. La rémunération peut également avoir lieu par le moyen de l'association qui est un progrès sur le salaire, quoiqu'elle offre un inconvénient, celui d'enchaîner pour un temps plus ou moins long le travailleur aussi bien que le capitaliste. L'association tend à élever la rémunération du travail aussi bien qu'à augmenter la production, mais elle a des chances aléatoires. Dans l'association parfaite, tous doivent participer aux pertes comme aux profits, et il y aura des chances de pertes tant qu'une seule restriction économique faussera les lois naturelles. Le travailleur, sans capital ne peut donc aborder l'association complète.

L'association restreinte peut, jusqu'à un certain point, lui offrir les avantages sans les inconvénients. Plusieurs systèmes, à ce sujet, sont déjà appliqués en France, en Angleterre, aux Etats-Unis, etc., et les résultats en sont satisfaisants. Les salaires sont généralement pris comme représentant un capital, et, à ce titre, concourent aux bénéfices réalisés, après prélèvement des salaires et de l'intérêt des capitaux engagés.

La transformation du salaire en association n'offre de difficultés réelles que celles qu'on y apporte par des tentatives de réglementations chimériques pour une chose qui s'y dérobe absolument. Les parts à faire au travail et au capital doivent s'établir en pleine liberté et varier indéfiniment, suivant leur abondance relative, le genre de travaux, les milieux et les époques. La part relative du travail ira d'ailleurs toujours croissant, par la force des choses, au fur et à mesure de l'accroissement illimité du capital.

PROPRIÉTÉ. — La propriété est une des manifestations légitimes du droit individuel, quand elle ne viole pas le droit égal des autres. Toute propriété basée sur un monopole ou un privilége est arbitraire et nuisible. Toute propriété basée sur le travail passé ou présent est légitime. La propriété, telle qu'elle est constituée en général, est le produit du travail, soit du possesseur actuel, soit des posses-'seurs antérieurs qui la lui ont transmise.

La propriété individuelle est la base de la civilisation : c'est la source de tout progrès. Tout peuple, où elle n'existe pas, reste immobilisé ; tout peuple, où elle s'établit, progresse immédiatement. En effet, dans l'ordre matériel, l'homme ne travaille guère que par nécessité. Il le fait dans un double but ; celui de vivre d'abord, et ensuite celui d'acquérir un certain bien-être dont la jouissance lui est assurée par la propriété sous une forme ou sous une autre. Sans la propriété, le mobile du travail n'existe plus. L'homme ne travaille que dans la limite de ses besoins immédiats, et ne produit plus un surplus sans avantages pour lui. Le progrès en tous genres résulte justement du surplus du travail de toute espèce sur les besoins immédiats, se répartissant en bien-être et richesse. Les désirs s'étendant en proportion des jouissances, l'homme s'adonne de plus en plus au travail pour les satisfaire, et la propriété s'accroît sous toutes ses formes, en même temps que l'individu progresse matériellement et intellectuellement. Aux mobiles matériels viennent s'ajouter les aspirations morales et intellectuelles qui élèvent l'humanité.

A l'état primitif, l'homme n'a guère en propriété que ce qu'il porte sur lui. Le droit de la force est le seul reconnu, et l'individu ne travaille pas, n'y ayant aucun intérêt, puisqu'il ne pourrait jouir en sécurité du produit de son travail. La propriété individuelle ne peut donc exister, et c'est le règne du communisme naturel. Cet état de choses se rencontre encore parmi les Indiens de l'Amérique du

Nord. Il ne peut exister d'ailleurs que dans un pays presque désert, où les ressources naturelles suffisent, quoique imparfaitement, à la nourriture de l'homme.

A l'état nomade, existant encore chez certains peuples, tels que les Arabes, les Tartares, etc., qui, en dehors des villes, vivent en tribus, la propriété consiste principalement en bétail, et la terre est plus ou moins en commun. C'est le règne d'un communisme mitigé. L'individu s'adonne peu au travail dont le produit ne lui profite qu'indirectement, et la population doit rester très clairsemée, sous peine d'amener des disettes et des famines.

A l'état actuel de civilisation, tout ce qu'acquiert l'individu par son travail est, en principe, sa propriété absolue, et il a le droit d'en disposer à son gré, mais l'application est faussée par des monopoles, des priviléges, des réglementations, des restrictions de toutes sortes, qui vont même, en certains cas, jusqu'à la négation pour la propriété intellectuelle. Toute propriété est également sacrée lorsqu'elle est le produit légitime du travail ; celui d'aujourd'hui ou celui d'hier : peu importe la forme qu'elle revêt, toutes les propriétés étant d'ailleurs échangeables entre elles et contre du travail. Aucun genre de propriété ne doit être privilégié pas plus qu'entravé, dans sa mobilisation et transmission, par des réglementations arbitraires : le droit est le même pour tous.

La propriété, qui constitue la richesse, se multiplie par la circulation. Tout ce qui s'oppose à sa mobilisation tend donc à diminuer la somme de richesse. Ces entraves, qui, au point de vue fiscal, vont donc droit contre leur objet, puisqu'elles ten-

dent contre l'augmentation de la matière impo-
sable, n'ajoutent aucune sécurité réelle à la propriété. Non-seulement elles sont nuisibles par les
formalités, les pertes de temps, les dépenses de
toute espèce qu'elles imposent pour la transmission,
mais elles sont encore des sources inépuisables
d'antagonismes et de procès.

CAPITAL. — Le capital est une des formes de la
propriété. Il est difficile de le définir exactement.
On pourrait peut-être dire que le capital est la propriété-outil servant à la production. Dans un sens
plus restreint, le capital est une représentation
commode et toujours négociable du travail.

L'antagonisme entre le travail et le capital, qui
n'est, en définitive, comme toute propriété, que du
travail accumulé, est un non-sens. C'est la lutte
sans fin entre le travail passé et le travail futur, et
la négation du travail présent.

A un état peu avancé de société, le travail accumulé est minime, et par conséquent le capital est
rare et le travail peu rémunéré. Plus la société progresse, et plus le capital se fait abondant, la valeur relative du travail augmentant en conséquence. C'est là la règle générale. Toute atteinte
au capital est une atteinte au travail : la vérité de
ce principe se démontre, malheureusement trop
souvent, dans les moments de crise. Dès que le capital se fait rare, le travail s'arrête. La crise passée,
le capital afflue de nouveau et le travail reprend.
Le travail, sans capital, est aussi impuissant que le
capital sans travail. Leur association est indispensable pour la production.

Le capital est d'ailleurs complexe. L'homme qui a

reçu une certaine éducation possède de ce fait un capital intellectuel. L'ouvrier, en outre de son plus ou moins d'instruction, possède encore un certain capital par l'expérience acquise dans sa partie. Le capital matériel peut consister en espèces, outils, etc. Vouloir régler l'association de ces capitaux si complexes et du travail, qui ne l'est pas moins, c'est vouloir l'impossible, et cette réglementation, fût elle possible, ne serait jamais qu'une source d'iniquités et d'atteintes au droit individuel. L'association doit être entièrement volontaire, et ses conditions doivent nécessairement varier suivant les circonstances. Le juste équilibre ne peut s'établir que par les lois de l'offre et de la demande, fonctionnant en pleine liberté.

En résumé, plus le capital est abondant, et plus sa part relative de bénéfice se réduit, celle du travail augmentant proportionnellement. L'intérêt général veut donc l'accroissement indéfini du capital que favorise, d'une part, la mobilisation de la propriété la jetant dans la circulation, et, d'autre part, la suppression de toute entrave ou restriction à l'emploi du capital. Le capital existant verra sa valeur relative s'amoindrir, mais c'est la loi du progrès, et l'intérêt du petit nombre doit s'effacer devant l'intérêt du plus grand nombre.

CRÉDIT. — Si les capitaux se multiplient par la circulation, ils se multiplient bien plus encore par le crédit qui centuple leur puissance. En même temps que le crédit fait produire plus au capital pris isolément, il augmente la somme représentative du capital pris en masse, et tend par conséquent à élever la valeur relative du travail.

Par [sa nature, le crédit échappe à toute organisation. Il repose entièrement sur la confiance qui ne peut se décréter. Elle peut se donner spontanément à la moralité, à l'intelligence, au travail aussi bien qu'au capital, mais elle est rebelle à toute action coërcitive.

Par la suppression des monopoles et priviléges ui l'entravent, des réglementations qui arrêtent son essor, le crédit prendra tout son développement naturel, viendra en aide à tous, et activera partout la production et la consommation. Tout individu a un droit égal à l'emploi libre de son crédit, comme il a droit à l'emploi libre de son capital et de son travail.

CHAPITRE XIV

PARASITISME — MISÈRE — MONOPOLES — IMPOTS

PARASITISME. — La grande consommation a pour conséquence forcée la grande production, et tend à donner le bien-être et la richesse ; mais, pour qu'il y ait équilibre, il faut que la répartition ne soit pas viciée par le parasitisme. Tout consommateur devrait être producteur à un titre quelconque, et c'est le but dont l'on va se rapprochant constamment, les parasites de toute espèce tendant généralement à disparaître. Le nombre d'individus jouissant d'une fortune suffisante, pour se dispenser du travail intellectuel ou physique, est infiniment restreint, et, parmi eux, il n'y a guère de réellement oisifs que ceux à peu près dépourvus de pouvoir intellectuel. Leur non-productivité est encore justifiable en strict droit, puisqu'elle découle de l'accumulation des produits de travaux antérieurs, mais il n'en est pas de même pour le plus grand nombre de parasites qui puisent actuellement leur existence dans une prétendue nécessité imposée à l'État. Celui-ci salarie directement ou indirectement leur travail improductif, et souvent même nuisible, à titres de soldats, d'employés, etc. La réforme doit être radicale, et ces non-producteurs ramenés au plus bas chiffre possible.

MISÈRE. — La misère va diminuant à mesure que la liberté s'affirme sous toutes ses formes. Elle est malheureusement encore trop considérable, et les moyens employés pour la combattre vont trop souvent contre leur but. On soutient des industries irrationnelles qui, étant en lutte contre les lois naturelles, ne peuvent avoir qu'une existence précaire, source de misères.

La misère est, en partie, un legs du passé dont nous devons expier les erreurs et payer les dettes écrasantes, mais sa principale cause réside dans la violation abusive de la liberté économique, dans les monopoles, les priviléges, les réglementations de toute sorte, qui avantagent les uns au détriment des autres, donnant la richesse à quelques-uns et la misère à un plus grand nombre.

Il y a des causes personnelles de misère, telles que la paresse, l'ivrognerie, l'inconduite, mais elles n'exercent qu'une influence partielle, et l'élévation du niveau général par l'instruction restreindra de plus en plus leur action. La misère est souvent aussi la conséquence du manque d'instruction, le travailleur, qui n'a pas son intelligence suffisamment développée, perdant ainsi la plus grande partie de sa puissance de production.

La misère provient souvent du manque de travail qu'on attribue quelquefois à un excès de production. Cela peut être vrai dans certains cas particuliers où, à coup sûr, le monopole et le privilége jouent un grand rôle, mais, en règle générale, l'excès de production utile ne peut amener, par l'abondance, que le bon marché et par conséquent le profit de tous.

La somme de misère est toujours proportionnelle au nombre de monopoles, de priviléges, etc., qui ne sont jamais qu'une source de dommages pour tous et d'avantages douteux pour quelques-uns. Le jour où ces entraves auront disparu, et où la liberté économique sera universellement respectée, la misère aura cessé.

L'accumulation, toujours croissante, des produits du travail antérieur, et la multiplication de la puissance de production, assurent l'augmentation indéfinie de la somme de bien-être et de richesse, pour l'humanité prise en masse. La misère partielle est due à des causes accidentelles provenant de ce que l'équilibre, entre la production et la consommation, se trouve rompu par des violations arbitraires des lois naturelles. La somme totale de misère va toujours décroissant à mesure que le progrès se fait.

La collectivité, quelle qu'elle soit, doit assistance morale et physique à ceux de ses membres qui, par leur âge, leurs infirmités ou toute autre cause, se trouvent hors d'état de se suffire. L'obligation à cette assistance découle de l'espèce d'assurance mutuelle qui doit régner entre tous les membres d'une collectivité.

MONOPOLES. — Tout monopole, tout privilége est un attentat au droit, lèse le consommateur et le producteur, et est fatalement une source de misère pour quelques-uns.

Les monopoles de chemins de fer, d'omnibus, de voitures, etc.; des banques, des sociétés financières, de l'éclairage, des eaux ; les patentes, les brevets, les charges de notaires, d'avoués, d'huissiers, de courtiers, etc., entravent de toutes parts la liberté économique. Par l'oppression de l'initiative individuelle, ils arrêtent le développement du bien-être et de la richesse, et vicient leur répartition au profit discutable de quelques-uns et au dommage certain de presque tous.

Les droits de douane, les protections, les primes, etc., faussent la production, surchargent le prix de revient naturel et restreignent la consommation.

Toutes ces infractions à la liberté ont des conséquences fatales pour tous, et c'est là que gisent les principales causes de la gêne et de la misère existantes.

Tous les monopoles, tous les priviléges doivent être supprimés et, s'il y a lieu, rachetés en rentes; ils doivent faire place à la liberté absolue, aucune compagnie, aucune individualité ne devant jouir d'une protection qui s'exerce aux dépens de tous.

IMPOTS. — L'impôt est nécessaire pour faire face aux dépenses inhérentes aux collectivités, mais il ne doit fonctionner que sous forme d'assurance et ne porter que sur la richesse, c'est-à-dire l'accumulation du surplus des produits des travaux antérieurs qui constitue la propriété sous toutes ses formes, jamais sur la consommation, la production ou la répartition, dont le développement, qu'il est absurde et inique d'entraver, engendre le bien-être et la richesse.

L'impôt, sous sa forme multiple actuelle, allant tarir toutes les sources de production, atteignant tous les objets de consommation, et arrêtant à chaque pas la répartition, doit disparaître et être converti en assurance sur la propriété matérielle de toute espèce contre tous risques, tels que l'incendie, etc.

La propriété intellectuelle, inhérente à l'individu et échappant à toute action de la collectivité, le travail comme le crédit, qui ne représentent que du capital futur, ne peuvent donner lieu à l'assurance.

De cette simplification de l'impôt ainsi unifié et portant, au prorata, sans privilége ni exception, sur toute propriété, quelle que soit sa nature, résultent entr'autres deux avantages :

En premier lieu, la perception de l'impôt, pouvant être opérée par les communes elles-mêmes, ne donnerait lieu qu'à des frais excessivement minimes, et on éviterait ainsi des dépenses énormes de perception, en même temps qu'on rendrait à la production toute une armée d'employés occupée actuellement à la combattre.

En second lieu, l'impôt serait payé par chaque individu proportionnellement à ce qu'il possède, et non à ce qu'il consomme ainsi que cela a lieu maintenant, au détriment de la masse qui ne possède pas ou possède peu. Il est de toute équité que chacun paie les dépenses inhérentes à l'état de société, au prorata des avantages qu'il en retire.

Les dépenses improductives, dérivant de l'application du principe autoritaire, telles que le budget de la guerre, etc., doivent être supprimées. Les dépenses productives, telles que celles de l'instruction, des travaux publics, etc., montent à un chiffre relativement minime. La charge la plus lourde serait celle de la dette publique augmentée par le rachat des charges, des monopoles, etc., mais l'énorme accrois-

sement que prendrait la propriété de toute sorte, par
suite de la pratique de la liberté absolue, rendrait
comparativement léger l'impôt réparti équitable-
ment entre tous, au prorata de la richesse de chacun.
Pour ne pas trop gréver la richesse publique pendant les premières années, on pourrait avoir recours
à un moyen, tendant d'ailleurs à l'accroître, ce serait
l'aliénation sagement appliquée, des terrains et bâtiments inutilisés entre les mains de la collectivité.

CONCLUSION

La révolution est faite en principe, sinon en fait· Le suffrage universel est la reconnaissance du droit individuel, et son application vraie, sincère et complète n'est plus qu'affaire de temps.

L'autorité ne peut plus se diviniser; elle en est réduite à tirer sa raison d'être de l'intérêt commun; elle est donc soumise à la discussion et, dès lors, n'existe plus qu'à l'état de mal plus ou moins nécessaire. Toute sa logique consiste à exagérer cette prétendue nécessité, au moyen de craintes soulevées par l'antagonisme, de nations à nations, de classes à classes, d'individus à individus, que son système provoque. Toutes les excitations à la haine, qu'il s'agisse de l'étranger ou d'une classe de citoyens, lui viennent en aide, qu'elles prêchent la guerre, l'oppression ou la révolte, qu'elles émanent d'intérêts égoïstes ou de passions surexcitées.

En dehors de ceux qui vivent de la pratique autoritaire, religieuse, politique ou économique, prêtres, fonctionnaires ou privilégiés, auxquels leurs intérêts personnels savent inspirer des convictions plus ou moins sincères, l'opinion autoritaire ne

compte plus guère d'adhérents que parmi les individus qui, quel que soit leur degré d'instruction
conventionnelle, ne savent, ni ne désirent même,
penser par eux-mêmes. L'engourdissement intellectuel, dans lequel ils se sont habitués à vivre, les
rend incapables de tout pouvoir de raisonnement
un peu élevé, et ils préfèrent une abdication de
leur conscience et de leur libre arbitre, les laissant
dans leur apathie abrutissante, à un exercice de
leur initiative qui, émanant du sentiment de leurs
droits et de leurs devoirs, leur imposerait une responsabilité morale et intellectuelle qui les effraye.
Il ne s'agit pas là seulement des classes pauvres et
ignorantes, et de la presqu'universalité des femmes. Le pouvoir intellectuel et la faculté de raisonner juste manquent aussi bien à bon nombre
d'individus appartenant aux classes riches, quelle
que soit leur instruction superficielle. Le sentiment
du droit et de la justice, dont ces individualités sont
inconscientes, est remplacé, chez elles, par des
sentiments étroits et mesquins d'égoïsme et de vanité. Elles ignorent les pures jouissances morales et
intellectuelles qui sont hors de leur portée, et, en
dehors de la satisfaction de leurs appétits matériels,
les bouts de ruban, les vaines insignes et toutes les
sottes distinctions flattant leur puéril amour-propre
suffisent à leurs aspirations.

Parmi les individus qui savent et osent penser,
les seuls qui comptent en définitive, car les autres
ne sont que des instruments passifs et inconscients,
beaucoup, par crainte des excès des masses ignorantes, soutiennent l'état existant de choses qui,
d'ailleurs, profite souvent à leurs intérêts et à leur
vanité.

D'autres se renferment dans une abstention systématique, par crainte de soulever des animosités intéressées, et, dans leur coupable égoïsme, se désintéressent de la lutte entre la force et le droit.

Quelques-uns veulent sincèrement le droit et combattent énergiquement pour lui, mais ils font, plus ou moins ouvertement, appel à la violence, et les moyens qu'ils emploient vont contre le but qu'ils se proposent. Ils se rendent les complices involontaires de l'autorité en portant la lutte sur son terrain, la force brutale.

Au milieu de ces convictions diverses et de ces absences de convictions, le progrès s'accentue tous les jours pour les masses. Jusqu'ici, courbées sous l'ignorance et la misère, elles ont accepté la nécessité d'avoir des maîtres et, si elles les ont parfois renversés dans leurs brutales révoltes provoquées par l'excès de leurs souffrances, cela n'a été que pour s'en donner d'autres, et le principe autoritaire, pour être amoindri, n'en a pas moins continué à subsister. Les choses vont changeant. L'ignorance fait place à l'instruction, et les masses plus éclairées commencent à savoir et à vouloir. Ce qu'elles veulent, c'est leur affranchissement moral, intellectuel et matériel par l'instruction et le bien-être. Elles sont lasses de payer l'impôt de l'argent et du sang, employé à les maintenir dans l'asservissement et la misère. La comédie parlementaire les laisse indifférentes. Ce qu'elles exigent, ce sont des faits et non des mots. La question sociale s'impose d'une manière irrésistible, et le temps des expédients est passé.

Entre deux minorités infimes, dont l'une suit encore les anciens errements autoritaires, et l'autre rêve des utopies où le droit individuel est sacrifié à un prétendu droit collectif qui n'est qu'une autre forme du principe autoritaire, ou bien des bouleversements dont les conséquences seraient funestes pour tous, l'immense majorité de la nation aspire à la jouissance de ses droits et veut les conquérir pacifiquement. Elle veut des réformes tangïbles et immédiates, moins de soldats, moins de fonctionnaires, moins d'impôts, moins d'entraves à la production et à la consommation. Elle veut, enfin, obtenir progressivement toutes les libertés politiques et économiques.

La minorité éclairée, croissant journellement en nombre et peut-être déjà la majorité, a perdu toutes ses illusions sur les prétendus sauveurs auxquels elle ne croit plus, et sait qu'une nation ne doit compter que sur elle-même. Elle considère la république comme le gouvernement de droit, et la voit dans l'avenir, mais ne veut pas l'acheter au prix d'une révolution violente. Elle veut la liberté, mais la chose, et le nom lui importe moins. Elle sait que la France est maîtresse de ses destinées et que le pouvoir doit aller se transformant à mesure que la nation progresse.

Toute la puissance matérielle mise à la disposition de l'autorité n'a de force que contre la lutte armée qui lui échappe. Elle est impuissante contre la lutte pacifique, et, sur ce terrain, le triomphe est assuré au droit. Le suffrage universel est souverain et ses arrêts s'imposent irrésistiblement. Il a pu se tromper et se trompera encore, mais ses erreurs deviendront de moins en moins fréquentes, à mesure que son corollaire indispensable, l'instruction, se généralisera.

Les progrès de l'instruction feront disparaître progressivement la nécessité des expédients issus de la collectivité, expédients à la fois causes et effets de l'ignorance, de la misère et de la criminalité, affranchiront l'initiative individuelle qui, combinée avec l'association strictement volontaire, assurera à tous la liberté et le bien-être, et aboutiront à l'extinction de toutes les collectivités basées sur l'association forcée et l'oppression du droit individuel.

Toute loi qui tombe en désuétude, toute réglementation abrogée, toute entrave supprimée, est un gain pour le droit. L'individu doit arriver, par une instruction rationnelle développant, dans sa plénitude, sa faculté de penser, à pouvoir être laissé pour seul juge de ses besoins et de ses désirs déterminés par ses aptitudes physiques et intellectuelles.

TABLE DES MATIÈRES

FIN DE LA TABLE DES MATIÈRES

Paris. — Imprimerie A. VALLÉE, 16, rue du Croissant.

www.ingramcontent.com/pod-product-compliance
Ingram Content Group UK Ltd.
Pitfield, Milton Keynes, MK11 3LW, UK
UKHW022252120726
13694UKWH00003B/1040